U0125527

腰部功能

强化训练

预防损伤、缓解慢性疼痛与提升运动表现

闫琪／著

人民邮电出版社

北京

图书在版编目（CIP）数据

腰部功能强化训练：预防损伤、缓解慢性疼痛与提升运动表现 / 闫琪著. -- 北京：人民邮电出版社，2022.5（2024.7重印）
（人体运动功能强化及损伤预防训练丛书）
ISBN 978-7-115-58679-7

Ⅰ. ①腰… Ⅱ. ①闫… Ⅲ. ①腰部－运动训练 Ⅳ. ①G808.1

中国版本图书馆CIP数据核字(2022)第027105号

内 容 提 要

本书首先介绍了人体运动系统基础知识，并重点讲解了腰部的解剖学结构与功能，接着对腰部损伤风险的筛查方法进行了解析，随后以真人示范、分步骤图解的方式，对强化腰部功能的七大训练步骤及动作练习进行了详细阐释与展示，最后提供了针对不同目标的训练方案，旨在帮助读者通过科学训练预防腰部损伤，缓解腰部疼痛，恢复并强化腰部功能。

- ◆ 著　　　　闫　琪
  责任编辑　刘　蕊
  责任印制　马振武
- ◆ 人民邮电出版社出版发行　　北京市丰台区成寿寺路 11 号
  邮编　100164　　电子邮件　315@ptpress.com.cn
  网址　https://www.ptpress.com.cn
  涿州市般润文化传播有限公司印刷
- ◆ 开本：700×1000　1/16　　　插页：1
  印张：14.25　　　　　　　　2022 年 5 月第 1 版
  字数：281 千字　　　　　　　2024 年 7 月河北第 13 次印刷

定价：89.80 元

读者服务热线：(010)81055296　印装质量热线：(010)81055316
反盗版热线：(010)81055315
广告经营许可证：京东市监广登字 20170147 号

编 者 说 明

　　初识闫琪博士的"从功能到体能，从基础到专项"这一理念，是在2019年的"北京体能大会"上，当时闫琪博士发布了这一理论体系和思路。我们一拍即合，决定向广大的运动人群推广这一理念，相信可以帮助大家打破不少误区，纠正不少错误的训练方法，解决不少经年累月形成的、以为再也无法恢复的"老毛病"和一些虽然苦恼、却被医生认为还不需要进行医学治疗的"小毛病"。尽管闫琪博士一直在精益求精地反复推敲、论证和完善自己的理论体系，甚至直至图书成稿之后的几个月，还在吸收新的跨学科思想，不断丰富图书内容，但闫琪博士从来没有将这些新的思想"据为己有"，反而在图书筹备出版的这几年间，将自己的创新性理念毫无保留地进行了多次宣讲——在地方教练员的培训课程中，在研究生的专业课课堂上，在公开的峰会和讲座中。闫琪博士曾戏称："我的书还没有出版，大家可能就已经学会这些方法了。"这一切都源于闫琪博士"一切以运动员为中心"的信念，希望更多人能够受益。

　　闫琪博士在国家队从事教练员工作已经有16年之久，跟队服务过跳水、游泳、花样游泳等多支国家队，重点保障过施廷懋、林跃等多位获得了奥运会金牌的运动员，与专项教练、康复师、队医和心理咨询师等运动表现提升团队成员有过长期而深入的合作。对于人体的运动功能，他有着非常具有洞察力的理论研究和基于丰富案例的实践经验，是一位真正的有经验的教练。在服务国家队的过程中，闫琪博士始终秉持"一切以运动员为中心"的信念，打破固化的职责边界，不断以功能训练为中心点，一方面对医疗和康复端的工作进行观察和学习，另一方面深入钻研体能和专项端的工作，并在融会贯通之后重新树立了边界，构建了以功能为核心的桥梁，最终与赵鹏博士共同形成了"康复体能一体化"理念。

　　虽然"从功能到体能"这一理念是一位专业的国家队体能教练在训练精英运动员时的理论收获，但对于广大的、在活动中的普通人同样具有非凡的意义。我使用了"活动"而非"运动"这一概念，是因为我们首先要借由这一理念重新建立这样一种认知：并非只有参与运动的人才会出现运动损伤，缺乏运动的人同样会因产生运动功能障碍且未及时进行纠正和改善，最终出现运动损伤。功能是人体各个部位在保持正确位置（对位）的前提下，维持良好身体形态和姿势，不受限地完成工作、生产和生活活动的能力。人体的活动能力可以通过关节的灵活性、稳定性，以及动作模式来评价。灵活性不足与过度、稳定性缺乏，都会造成个体无法正确地完成一个动作，这包括可能看上去完成了动作，但其实是借助于身体其他本不应该参与工作的部位的力量才勉强完成的情况，也就是动作模式的不当，或者说出现了代偿。当一个本来就已经不标准的动作被高强度、高频率地重复时，这个动作就在对身体造成伤害。这个动作可能是跑步运动中的跨步，可能是高尔夫运动中的挥杆，更有可能就是此时你不正确的坐姿和刚刚在健身房里挥汗"撸铁"时的下蹲。闫琪博士的理论告诉我们，只有确保身体功能处于正常水准，大量的体育及健身锻炼对身体的作用才会是正向的。

闫琪博士的理论也基于人体区域相互依存理论。人体是一个系统性的存在，决不能头痛医头、脚痛医脚。所谓的灵活性和稳定性，不仅指具有功能障碍的这一部位的灵活性和稳定性，而且包括其相邻部位的灵活性和稳定性。强化膝关节功能的训练涉及髋关节和踝关节的灵活性强化，以及下肢和核心区的稳定性改善；强化肩关节功能的训练涉及胸椎和盂肱关节的灵活性强化，以及肩胛胸廓关节和核心区的稳定性改善；强化腰部功能的训练涉及胸椎和髋关节的灵活性强化，以及核心区的稳定性改善。在灵活性和稳定性问题得到改善后，训练者将进行动作模式训练，并在具备较好的动作质量的基础上，进一步进行功能力量训练，以提高动作能力。

闫琪博士的训练方法帮助了很多人：不仅有因为腰部损伤无法正常进行专项训练的奥运冠军，也有因膝关节慢性疼痛影响任务执行的部队战士，还有经历跟腱手术后无法下蹲的普通人，更有像我的父亲一样，虽然没有什么急性的、物理性的损伤，但因为常年驾驶车辆慢慢发展成腰椎间盘滑脱 I 度至 II 度的老年人。我相信，闫琪博士的训练方法的最大使用价值恰恰就体现在这些非专业的、缺乏运动的普通人身上，因为这些人才是遭受了功能障碍之苦而不自知，或者虽然自知却苦无解决办法的"大多数"。闫琪博士帮助了太多人，我一直难以忘记在一次公开演讲中，一位观众在目睹了闫琪博士不到 5 分钟就改善了一位体验者的膝关节前侧髌骨疼痛的问题后，得知闫琪博士服务于国家队，不会在任何健身房、康复诊所出现时的失望。这也是为何，我们这几年来一直在打磨这套"人体运动功能强化及损伤预防训练丛书"，并希望它能尽快面世。希望这套书能够成为健身教练们的有力武器，帮助他们解决客户（也就是广大的运动爱好者们）的问题，也希望这套书能到达运动爱好者的手中，帮助他们更好地享受运动的乐趣，更希望这套书能被缺乏运动的普通人发现和使用，使他们接受闫琪博士的理念，获得更好的身体活动能力！

动作视频在线观看说明

为了帮助训练者快速掌握动作技术、进行科学的锻炼，本书提供了大部分动作练习的演示视频，具体可通过以下步骤在线观看。

步骤1 打开微信"扫一扫"（图1）。

图1

步骤2 扫描动作练习页面上的二维码（图2和图3）。

图2

图3

步骤3　如果您尚未关注微信公众号"人邮体育"，扫描后会出现"人邮体育"的二维码（图4）。请根据说明关注"人邮体育"（图5），并在关注后点击"资源详情"（图6），即可进入动作视频在线观看页面（图7）。如果您已关注微信公众号"人邮体育"，扫描后可直接进入动作视频在线观看页面。

图4

图5

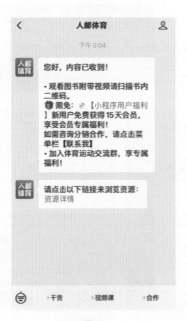

图6

图7

目　录

第二章 腰部损伤风险筛查

第 三 章　腰部功能强化训练策略与动作练习

第四章　腰部功能强化训练方案

第 一 章

人体运动系统
基础知识及
腰部结构与功能

　　运动解剖学是人体运动学领域极其重要的研究内容。在学习人体运动有关知识时，了解运动解剖学原理是必要的前提。它可以帮助我们很好地理解人体各个部位是如何工作的，以及各个部位是如何协调合作产生整个身体的运动的。

　　因此，本章将讲述人体运动系统的基础知识，并帮助大家了解腰部的结构与功能。

1.1 人体运动系统基础知识

1.1.1 解剖学基本方位与术语

为了深入了解人体各个部位间的相对关系，我们需要有一个广泛认可的基本参考。例如，什么是解剖学中的标准体位或姿势，什么是前面和后面，什么是上部和下部，什么是内侧和外侧，以及什么是远端和近端，等等。

人体标准解剖学姿势

人体标准解剖学姿势指的是：身体直立，双脚并拢，脚尖朝前，双臂下垂，掌心向前。在学习人体运动系统有关知识时，无论身体处于什么姿势，一切与方位有关的描述均建立在人体标准解剖学姿势的基础上。

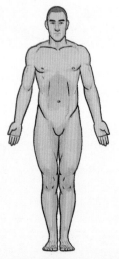
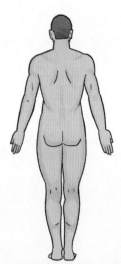

人体标准解剖学姿势：前面　　　　　人体标准解剖学姿势：后面

前面和后面，上部和下部，内侧和外侧，以及近端和远端等，都是相对而言的状态。靠近腹部的位置是前面，靠近背部的位置是后面。离头部更近的位置是上部，反之，离脚部更近的位置是下部。靠近身体正中线的位置为内侧，远离身体正中线的位置为外侧（在四肢中，上肢的内侧也叫尺侧，外侧也叫桡侧；下肢的内侧也叫胫侧，外侧也叫腓侧）。四肢靠近躯干或身体中心的位置为近端，远离躯干或身体中心的位置为远端。

人体各部位

人体基本可分为头部、颈部、躯干和四肢。四肢指的是上肢（上臂、前臂和双手）和下肢（大腿、小腿和双脚）。躯干部分主要指除头部、颈部、四肢以外的部分。

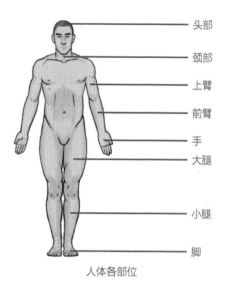

人体各部位

人体基本切面

想象有平面能够穿过身体，将其分为两个部分，并由此获得三个人体基本切面：矢状面、冠状面和水平面。这三个平面两两之间互相垂直。

矢状面：垂直穿过身体，将身体分为左、右两部分的平面。

冠状面：垂直穿过身体，将身体分为前、后两部分的平面。

水平面：平行于地面，将身体分为上、下两部分的平面。

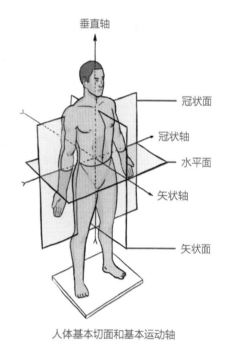

人体基本切面和基本运动轴

人体基本运动轴

人体有三个基本运动轴：矢状轴、冠状轴和垂直轴。这三条轴线两两之间互相垂直。

矢状轴：从前向后穿过身体，与冠状面垂直且与水平面平行的轴线。

冠状轴：从左向右穿过身体，与矢状轴垂直且与水平面平行的轴线。

垂直轴：从上向下穿过身体，与水平面垂直的轴线。

1.1.2 骨、关节与肌肉

∠ 骨

　　成年后的人体具有 206 块骨。这些骨相互连结，构成了人体的基本支架。人体的骨按形状主要可分为长骨、短骨、扁骨和不规则骨等：长骨为冠状，中间细长，两端膨大，主要分布于四肢；短骨近似于方形，主要分布于腕部和踝部；扁骨呈略薄的板状；不规则骨的形状无固定特点。

　　躯干骨包括 26 块椎骨（7 块颈椎、12 块胸椎、5 块腰椎、1 块骶骨和 1 块尾骨）、24 块肋骨以及 1 块胸骨。其中，椎骨是典型的不规则骨，胸骨是典型的扁骨。

　　上肢骨包括 4 块上肢带骨（2 块锁骨和 2 块肩胛骨）以及 60 块自由上肢骨（2 块肱骨、2 块尺骨、2 块桡骨和 54 块手骨）。其中，肱骨、尺骨和桡骨是典型的长骨。

　　下肢骨包括 2 块下肢带骨（即髋骨）和 60 块自由下肢骨（2 块股骨、2 块髌骨、2 块胫骨、2 块腓骨以及 52 块足骨）。其中，髋骨是全身最大的不规则骨，股骨是最长的长骨。

　　颅骨有 29 块，主要由扁骨和不规则骨构成。

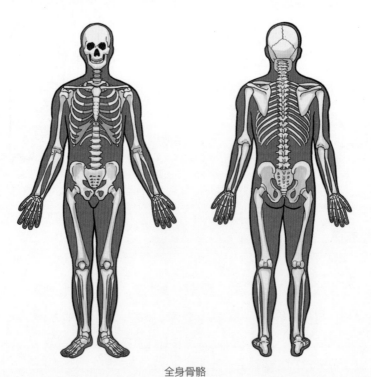

全身骨骼

关节

骨与骨之间的相互连结分为直接连结和间接连结。通过结缔组织、软骨组织或者直接愈合等方式的无腔隙连结称为直接连结。通过囊性结构相连，中间有空隙，能够方便活动的，则称为间接连结，即人们所熟知的关节。

关节的分类

关节的分类方式主要有四种：按照构成关节的骨的数目分类；按照关节的运动形式分类；按照关节面的形状分类；按照运动轴的数目分类。

按照构成关节的骨的数目可将关节分为单关节（由 2 块骨构成，例如髋关节）和复关节（由 2 块以上的骨构成，例如肘关节）。

按照关节的运动形式可将关节分为单动关节和联合关节。例如，肩关节可以不依赖别的关节独立运动，属于单动关节；桡尺近侧关节和桡尺远侧关节共同作用完成前臂的旋前和旋后运动，属于联动关节。

按照关节面的形状可将关节分为平面关节、球窝关节、杵臼关节、圆柱关节、椭圆关节、鞍状关节及滑车关节。各类关节的特点如下表所示。

按照运动轴的数目可将关节分为单轴关节、双轴关节以及多轴关节。

名　称	特　点	运　动　轴	举　例
平面关节	两端的关节面都是平面状，只能做范围很小的运动	多轴	肩锁关节
球窝关节	一端的关节面为球面，另一端的关节面为凹面，凹面比球面小，可以绕多个轴运动	多轴	肩关节
杵臼关节	与球窝关节类似，不同的是，其凹面比球面大	多轴	髋关节
圆柱关节	一端的关节面为柱状，另一端的关节面为环状，只能绕垂直轴运动	单轴	桡尺近侧关节
椭圆关节	一端的关节面为椭圆形凸面，另一端的关节面为相适应的凹面	双轴	桡腕关节
鞍状关节	两端的关节面都形似马鞍	双轴	拇指腕掌关节
滑车关节	一端的关节面为滑车状凸面，另一端的关节面为相适应的凹面	单轴	肱尺关节

关节的运动

关节的运动主要围绕运动轴进行，可分为以下几种形式。

屈曲和伸展：身体某环节绕关节的冠状轴在矢状面内的运动。能进行屈曲和伸展的关节有肩关节、肘关节、腕关节、髋关节、膝关节、踝关节及椎骨间的关节等。例如，在弯举动作中，前臂向前运动时即为在肘关节处屈曲，向后运动时即为在肘关节处伸展。膝关节和踝关节则正好相反，小腿和足部向后运动为屈曲，向前运动为伸展。

水平屈曲和水平伸展：上臂或大腿以外展状态，围绕垂直轴在水平面上向前运动为水平屈曲（也叫水平内收），向后运动为水平伸展（也叫水平外展）。

内收和外展：身体某环节绕关节的矢状轴在冠状面的运动，靠近身体为内收，远离身体为外展。能进行内收和外展的关节有肩关节、髋关节、腕关节和踝关节等。例如，双臂向身体两侧张开时即为外展，向身体靠拢时即为内收。

旋内和旋外：身体某环节绕关节的垂直轴在水平面上的运动，又称为回旋或旋转运动。其中，身体环节由前向内旋转为旋内或旋前，由前向外旋转为旋外或旋后。此外，躯干的旋转分为旋左和旋右，而不是旋前和旋后。

环转：身体某环节可绕两个及以上的运动轴做环转运动。例如，上臂以肩关节为支点画圈。

特殊运动：肩胛骨的上提和下降，以及上回旋和下回旋；脊柱的侧屈。

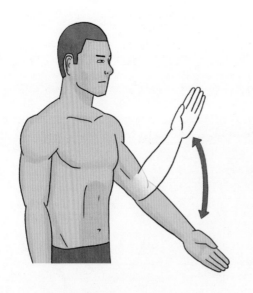

肘关节的屈曲（向上）和伸展（向下）

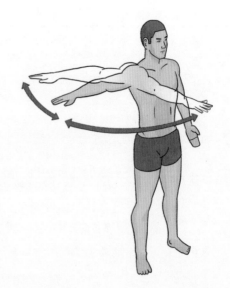

肩关节的水平屈曲（向前）和水平伸展（向后）

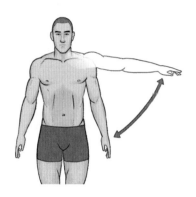

肩关节的内收（向下）和外展（向上）

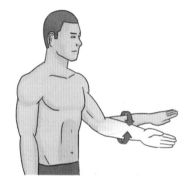

前臂的旋前（向内）和旋后（向外）

肩关节的环转

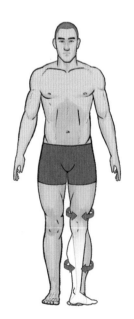

髋关节的旋内（向内）和旋外（向外）

脊柱的旋转

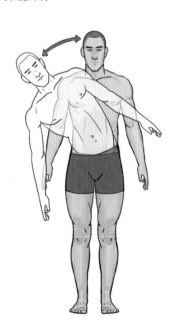

脊柱的侧屈

肌肉

肌肉是人体的重要组成部分，主要存在于躯干和四肢，附着在骨骼上。成年人的肌肉含量约为体重的 35%~45%。运动员或经常参加体育运动的人，肌肉含量更高。

肌肉的起止点

肌肉两端附着的点分别为肌肉的起点和止点。通常，靠近身体近端或内侧的附着点为起点，靠近身体远端或外侧的附着点为止点。肌肉两端通常附着在不同的骨上，收缩时，即可拉动不同的骨相互靠近，产生运动。

根据肌肉跨越关节的数目，可将肌肉分为单关节肌、双关节肌以及多关节肌。不同类型肌肉的主要特征如下表所示。

肌 肉 类 型	主 要 特 征	举 例
单关节肌	跨越一个关节	肱肌（仅跨越肘关节）
双关节肌	跨越两个关节	股四头肌（跨越髋关节和膝关节）
多关节肌	跨越两个以上关节	指浅屈肌（跨越手部多个关节）

肌肉的近固定与远固定

肌肉收缩时，通常一个端点固定，另一个端点移动。固定的端点称为定点，移动的端点称为动点。当固定的端点位于身体近端时，称为近固定。例如，做弯举动作时，肱二头肌位于上臂的近端附着点固定，位于前臂的远端附着点移动，从而使前臂向靠近上臂的方向运动。当固定的端点位于身体远端时，称为远固定。例如，做引体向上时，肱肌位于前臂的远端附着点固定，位于上臂的近端附着点移动，从而使上臂向靠近前臂的方向运动。

另外，描述躯干部位的某些肌肉时，通常上方端点固定时用上固定表示，下方端点固定时用下固定表示。当肌肉两端皆无固定时，用无固定表示。例如，跳跃腾空时，腹直肌上端和下端均处于游离状态。

肌肉的协作关系

根据肌肉的工作性质及其协作关节，可将肌肉分为主动肌、拮抗肌、协同肌和稳定肌四种类型。收缩时能引起关节运动的主要肌肉，即为主动肌（或原动肌），它是肌肉收缩的主要动力来源。与主动肌相对抗的阻止关节运动的肌肉，即为拮抗肌（或对抗肌）。通常，同一个关节处的主动肌和拮抗肌功能相反，互为拮抗。肌肉收缩时，起协调作用以辅助关节产生运动的肌肉，即为协同肌。维持身体环节稳定姿势或状态的肌肉，即为稳定肌（或固定肌）。

例如，在做弯举动作时，产生收缩的肌肉主要是肱二头肌，它属于主动肌；另外，肱肌也进行了收缩，可以将其作为主动肌，也可以作为协同肌；肱三头肌被拉长以对抗肱二头肌的运动，属于拮抗肌；肩胛提肌、菱形肌、前锯肌等使肩胛骨保持稳定，以保证屈肘动作的顺利完成，属于稳定肌。

开链运动与闭链运动

什么是运动链？

首先想象身体具有若干链条，它们将身体不同的环节通过关节按照顺序连接起来，这就是运动链。例如，一侧上肢通过肩、上臂、肘、前臂、腕以及手构成了一条运动链；一侧下肢通过髋、大腿、膝、小腿、踝以及足构成了一条运动链。

当一条运动链的近端固定、远端游离时，即为开链，此时游离的远端可以运动。开链时，可以一个关节单独运动，也可以多个关节同时运动。例如，上肢处于开链状态时，在肩部固定的情况下，可以进行单关节运动的弯举动作，也可以进行多关节运动的挥拍动作。

反之，当一条运动链的远端固定、近端游离时，即为闭链，此时身体近端通常做多关节协调活动，不能做单关节运动。例如，当下肢处于闭链状态时，在双脚处于地面固定的情况下，髋关节、膝关节和踝关节共同运动，完成下蹲、起立、行走等动作。

通常，在康复性训练的早期，采用闭链运动锻炼身体的稳定性和控制能力比较合适；在稳定性得到加强的后期，可以进行开链运动，有针对性地强化单一肌肉或关节功能。然而，无论是开链运动还是闭链运动，都有其各自的特点和优势。在训练中，要根据训练者的实际情况选择最合适的训练动作。

开链运动示例

闭链运动示例

1.2 腰部结构与功能

1.2.1 脊柱（腰椎段）的解剖学结构与功能

脊柱是人体最大、最重要的支撑结构，由颈椎（7块）、胸椎（12块）、腰椎（5块）、骶骨（5块骶椎融合构成）和尾骨（4块退化的尾椎融合构成）五部分组成，并形成了颈曲（向前凸）、胸曲（向后凸）、腰曲（向前凸）和骶曲（向后凸）4个生理性弯曲。其中，腰椎是支撑腰部的主要结构，并与上方的胸椎，以及下方的骨盆和髋关节形成运动复合体，以协同完成多平面、多角度的复杂运动。

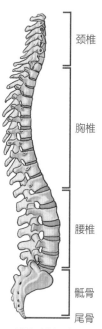

脊柱（侧面）

腰椎

腰椎共有5块，组成腰曲，凸向前方。腰椎由椎体、横突、上关节突、椎弓和棘突组成，椎孔位于中间，供脊髓穿过。上下关节突之间构成了关节突关节，亦称椎间关节，可做微小的运动，属于平面关节。由于脊柱的所有运动都是多个节段联合运动的结果，因此整体而言，脊柱具有多个运动轴，可在多个平面内进行运动，整体运动幅度较大。但需要注意的是，腰椎虽然可进行范围较大的伸展、屈曲和侧屈运动，但其旋转运动的角度仅为5~10度。因此，虽然胸部和臀部的旋转在视觉上会让人认为是腰部在进行旋转，但事实上并非如此。在生活、工作和运动过程中，过度旋转腰椎是引起腰部损伤、造成腰部疼痛的重要原因之一。

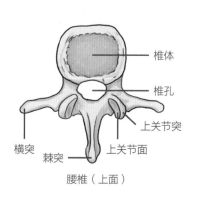

腰椎（上面）

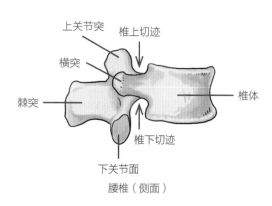

腰椎（侧面）

韧带

脊柱周围的韧带可稳定脊柱，并限制脊柱在不同平面上的动作。脊柱周围的韧带主要有前纵韧带、后纵韧带、黄韧带、棘间韧带、棘上韧带和横突间韧带等。

前纵韧带起于枕骨，止于尾骨，位于脊柱前面，可防止脊柱过度后伸和椎间盘向前突出。

后纵韧带起于枢椎，止于骶管，位于脊柱后面，可防止脊柱过度前屈和椎间盘向后突出。

黄韧带连接相邻的椎弓，可防止脊柱过度前屈。

棘间韧带和棘上韧带连接相邻的棘突，二者在棘间韧带后方融合，可加强椎骨间的牢固性，防止脊柱过度屈曲。

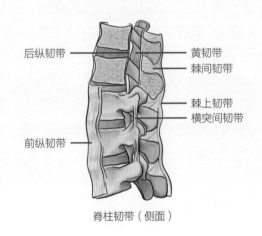

脊柱韧带（侧面）

椎间盘

椎间盘是相邻两个椎体（除寰椎与枢椎之外）之间的纤维软骨盘，共 23 个。其中央部分的白色胶体物质是髓核，髓核的外围包绕着坚韧而富有弹性的纤维环。椎间盘可支撑和转移椎骨之间的负荷，让椎骨之间得以活动，并帮助吸收整个脊柱的震动，减轻压力。

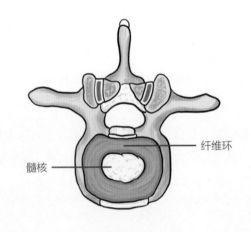

椎间盘（上面）

运动功能

　　如前所述，脊柱可在不同平面内运动。在矢状面上，躯干可绕冠状轴进行屈伸运动。在冠状面上，躯干可绕矢状轴进行侧屈运动。在水平面上，躯干可绕垂直轴进行旋转（回旋）运动。此外，躯干还可绕中间轴进行环转运动，例如，脊柱下部不动，上部进行圆周运动。

　　使脊柱（腰椎段）前屈的肌肉主要是腹直肌、腹内斜肌、腹外斜肌、髂腰肌和腰方肌等。

　　使脊柱（腰椎段）后伸的肌肉主要是下后锯肌、横突棘肌和竖脊肌等。

　　使脊柱（腰椎段）侧屈的肌肉主要是竖脊肌、腹直肌、腹内斜肌、腹外斜肌和腰方肌等。

　　使脊柱（腰椎段）旋转有关的肌肉主要是横突棘肌、腹内斜肌、腹外斜肌和髂腰肌等。

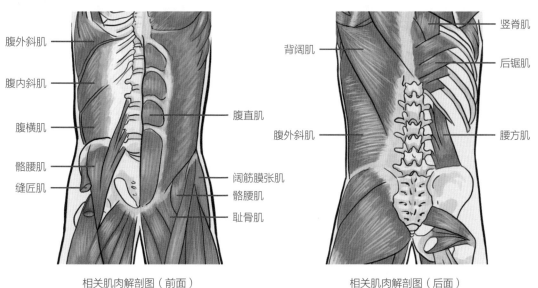

相关肌肉解剖图（前面）　　　　　　　　相关肌肉解剖图（后面）

1.2.2 腰椎－骨盆－髋关节复合体的解剖学结构与功能

从人体运动功能的角度出发，我们可以将腰椎、骨盆和髋关节视为一个完整的复合体结构。例如，由于腰椎与骶椎相连，二者同时运动时可引起骨盆及髋关节的移动（例如上半身固定时双腿上抬，可使腰椎、骨盆、髋关节同时运动）。

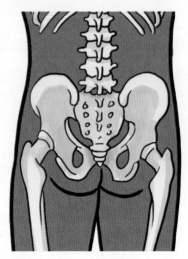

构成腰椎－骨盆－髋关节复合体的骨骼包括腰椎、髋骨、骶骨和股骨，而且这些骨骼构成了髋股关节（髋骨和股骨形成的连结）、骶髂关节（骶骨和髋骨形成的连结）、腰骶连结（第五腰椎与骶骨形成的连结）等骨连结，并由包括背阔肌、竖脊肌、腹直肌、腹内斜肌、臀大肌、股二头肌、腘绳肌和股直肌等在内的约30块肌肉附着在其上。

构成腰椎－骨盆－髋关节复合体的骨骼

腰椎－骨盆－髋关节复合体位于人体中轴处，最首要的功能就是稳定身体。此外，由于该复合体上附着的肌肉、肌腱及筋膜等软组织结构既与上方的胸椎、颈椎、胸廓和肩胛骨等相连，又与下方的髌骨、胫骨和腓骨相连，因此该复合体不仅对整体性身体运动的力量传递具有重要作用，还对其上、下部位的灵活性与稳定性有较大影响。反言之，腰椎－骨盆－髋关节复合体相邻的上、下部位的功能障碍也会对其发挥正常的运动功能造成不利影响。

综上所述，腰椎作为脊柱的一部分上与胸椎相连，下与骶骨相连，并从运动功能的角度出发与骨盆和髋关节形成了复合体结构。因此，在对腰部进行功能强化训练时，需综合考虑上述与其运动功能相关的其他关节及软组织。

案例分享一：某攀岩教练的腰部功能强化训练体验

－ 案例简介 －

- 基本信息：男，攀岩教练。
- 受伤原因：早年攀岩时从岩壁滑落，导致腰部产生损伤，因症状较轻未及时就医，后续疼痛加重，就医后确诊椎间盘突出和小面关节错位等问题。
- 治疗历程：理疗，针灸，按摩和服用药物等。
- 治疗效果：从急性症状转为慢性疼痛，保持静态姿势（坐姿、站姿）、行走时间过长时，腰部会出现明显的僵硬和疼痛，腰部无法用力（会产生疼痛等不适症状）。

本人陈述：大约 10 年前，我的腰部产生损伤，并对工作和生活产生了非常大的影响。例如我无法久站或久坐，因为腰部会产生剧烈的疼痛，就连晚上睡觉时也会感到明显的疼痛。

2018 年，我参加了闫琪博士的一次讲座。闫琪博士在该讲座上提到了通过功能强化训练改善关节慢性疼痛的问题。在课间，我专门找闫琪博士咨询了腰部功能强化训练的内容。闫琪博士当时对我进行了简单的评估，指出我的胸椎周围软组织和髋关节外旋肌过度紧张，并现场指导我进行了呼吸训练、胸椎周围软组织松解训练和臀肌松解训练。很快地，我感觉腰部轻松了不少，前屈时的疼痛等级从 6 级降低到了 2 级。然后，在闫琪博士的指导和帮助下，我进行了胸椎和髋关节的被动拉伸训练。仅仅 10 分钟左右的时间，腰部的疼痛竟然消失了。最后，闫琪博士指导我进行了一些简单的稳定性练习和力量练习，并且告诉我只有重新建立腰椎的稳定性，才能够真正改善腰部的功能。当天晚上睡觉时，我的腰部不再像往常那样出现明显的疼痛，甚至在第二天早上起床后，腰部仍然很轻松，没有出现明显的疼痛。这太让人兴奋了，困扰我多年的腰部疼痛竟然通过这些简单的练习就得到了有效缓解。于是，我立刻从网络上订购了泡沫轴和筋膜球等器械，并在之后的每天重复练习闫琪博士教授的动作。在坚持不懈的努力下，我感觉自己的腰部越来越"紧实",并且几乎没有再出现明显的疼痛。

我把闫琪博士教授的这些动作和方法分享给了运动员和身边的教练,并且得到了积极的反馈。感谢闫琪博士,我会坚持训练下去,更会把这些高效的功能强化训练方法分享给其他人,让更多的人收益!

案例分享二:某跳水队运动员的腰部功能强化训练体验

- 案例简介 -

- 基本信息:女,国家跳水队运动员,2016 年里约奥运会冠军,2020 年东京奥运会冠军。
- 受伤原因:长期进行高强度训练导致腰部椎间盘突出和软组织劳损,严重影响训练和正常生活。
- 治疗历程:理疗,针灸,康复训练,按摩。
- 治疗效果:症状改善不明显且经常反复,伤情逐渐加重。

本人陈述:跳水项目需要不断地磨炼专项技术。多年的高强度训练导致我的腰部出现了严重伤病,在起跳和落地时会有明显疼痛,后被诊断为腰部椎间盘突出。这严重影响了我的竞技能力。

2016 年,我开始跟随闫琪博士进行备战东京奥运会的训练。他应用系统的功能训练方法帮助我从调整呼吸入手,松解了紧张的肌肉,很快地控制住了疼痛,并通过一系列稳定性和力量训练,逐渐改善了我的腰部功能。闫琪博士告诉我"每天都应该重复做好这些看似简单的练习",我深以为然。因为正是这些看似简单的练习,让我的核心功能得到强化,腰部症状明显减轻,并且可以每天参加高强度的专项训练,逐渐恢复最佳竞技状态。这些积极的变化最终让我在东京奥运会顺利获得两枚宝贵的金牌。

闫琪博士的腰部功能强化训练方法的系统性和逻辑性很强,效果明显。我非常希望这些实用、高效的方法能够帮助更多的运动员和普通人预防腰部损伤,改善腰部慢性疼痛,高质量地运动和生活!

第 二 章

腰部损伤
风险筛查

腰部是躯干与下肢的连接部位，不仅在支撑和维持身体姿势方面起着重要作用，而且对全身性运动中身体的稳定性和力量的传递效率有着重要影响。但在日常生活中，无论是久坐或久站的生活和工作方式，还是进行体育运动或体力活动时过度旋转或屈曲腰椎的错误方法，抑或是因缺乏锻炼而使腰背肌肉力量薄弱的健康状态，都会导致腰部受到过多压力，稳定性下降，进而产生损伤和疼痛。相关研究表明，有 80% 的人在生活中受到腰痛的困扰，腰痛已经成为世界范围内造成残疾的主要原因之一。

本章将介绍腰部常见损伤，并讲解如何通过关节活动度筛查和功能动作筛查对腰部的运动损伤风险进行筛查。

2.1 腰部损伤的常见类型

腰部损伤有很多种，常见的有腰背部肌筋膜炎、椎间关节疼痛、椎间盘突出、腰部扭伤或拉伤、横突骨折、峡部骨折或断裂等。

2.1.1 腰背部肌筋膜炎

腰背部肌筋膜炎又称腰背肌肉劳损，指腰背部肌筋膜（有深、浅两层，结构复杂，其中深层筋膜位于骶棘肌的深面，浅层筋膜位于斜方肌、背阔肌和下后锯肌的深面）及肌组织发生水肿、渗出及纤维变性，典型的症状包括局部疼痛（最常见的是腰椎两侧肌肉及髂嵴上方疼痛，劳累时加剧，休息时缓解）、麻木、僵硬及活动受限。腰背部肌筋膜炎的持续时间较长，常见于缺乏运动的人群（例如办公室久坐人群）、身体功能逐步衰退的中老年人群，以及运动量较大的人群（例如专业运动员）。

产生腰背部肌筋膜炎的主要原因有：寒冷、潮湿、长期保持不良身体姿势、动作技术不良、过度运动、急性扭伤或拉伤后治疗不彻底及慢性劳损等。

2.1.2 椎间关节疼痛

椎间关节一方面可以帮助维持脊柱的稳定性，另一方面可以在椎间盘和椎体之间起缓冲、减震作用。椎间关节是滑膜关节，关节腔隙内充满关节滑液，有炎症或受伤时会变得肿胀，肿胀严重时会使关节或神经受到压迫，产生疼痛等症状。椎间关节疼痛常见于含大量腰部拉伸动作的运动，例如体操。

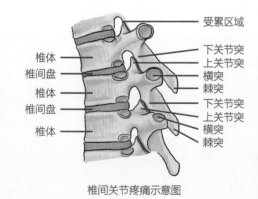

椎间关节疼痛示意图

产生椎间关节疼痛的原因主要有：退行性椎间盘疾病、腰椎高度前凸（女性较为常见）、双腿不等长、核心稳定性下降及严重的腰椎外伤等。

2.1.3 椎间盘突出

椎间盘位于相邻椎骨之间，中部具有髓核，外部包绕纤维环。椎间盘具有减震作用，可承受来自椎骨的压力。但长期压力过大会导致椎间盘向外突出，严重时可导致纤维环撕裂。突出的椎间盘可能会压迫周围的神经，进而产生疼痛。椎间盘膨出或突出在后半侧部分最常见，因为这部分没有韧带支撑。长时间静坐容易产生该症状，经常坐着的运动（例如划船和骑自行车）以及需要长时间进行脊柱屈曲和旋转的运动（例如高尔夫）也较容易出现椎间盘突出。

产生椎间盘突出的原因主要有：动作技术不良、反复快速进行脊椎屈曲和旋转动作、久坐不动、腰椎高度前凸、椎管狭窄、退行性椎间盘疾病、臀中肌力量不足从而无法维持髋部稳定、双腿不等长、核心稳定性下降及腰椎严重外伤等。

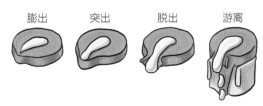

椎间盘突出示意图

2.1.4 腰椎扭伤或拉伤

扭伤指韧带因过度拉伸而部分或完全撕裂，拉伤指肌肉或肌腱因急剧收缩或过度拉伸而产生损伤。由于腰椎周围覆盖着多层韧带和肌肉，腰椎扭伤或拉伤往往难以精准定位问题所在。腰椎扭伤或拉伤的症状表现为疼痛、让人感到不适、行走困难、腰部活动受到限制等。此外，腰椎扭伤或拉伤是腰部疼痛最常见的原因之一。

产生腰椎扭伤或拉伤的原因主要有：剧烈运动、突然改变姿势（例如久坐后突然站起）、腰肌劳损、韧带或肌肉过度拉伸、受力不均及意外事故等。

2.1.5 横突骨折

横突是指从椎弓上发出的 7 个突起中向两侧的突起，在受到较大冲击力时，或产生骨折。横突骨折是稳定型骨折，可不伴随神经系统的症状，但是有可能引起器官损伤。

产生横突骨折的原因主要是发生直接外力损伤，常见于接触类或碰撞类体育运动，例如橄榄球、曲棍球以及骑马或滑旱冰，特别是当背部发生碰撞时更易出现横突骨折。

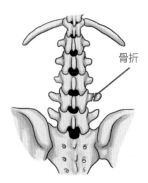

横突骨折示意图

2.1.6 峡部骨折或断裂

相邻椎骨受到较大压力时容易产生椎弓峡部骨折，严重时可导致峡部完全断裂，使受累椎体向前脱离。峡部骨折或断裂常见于经常进行大量反复伸展腰椎动作的运动中，且在女性中更常见。

产生峡部骨折或断裂的原因主要有：反复伸展腰椎、腰椎过度前凸、核心稳定性下降等。

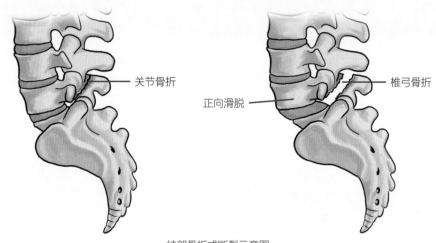

关节骨折

椎弓骨折

正向滑脱

峡部骨折或断裂示意图

2.2 腰部损伤的风险筛查方法

如前文所述，腰部产生损伤的原因有多种，例如错误的工作与生活习惯、先前已有损伤未完全恢复、不良的动作模式、错误的训练安排以及偶然的因素等。我们无法避免偶然因素，但是却可以控制非偶然因素。通过对腰部损伤风险进行筛查，我们可以判断伤病是否已完全恢复以及恢复的程度，改善不良的动作模式，提高动作质量，以及有针对性地制定训练方案等。

2.2.1 关节活动度筛查

关节活动度指的是关节运动时通过的弧度或角度，它反映了关节周围肌肉等软组织的柔韧性。通过对关节活动度进行筛查，可以评估关节受限的程度，分析代偿运动产生的原因，评估身体恢复进程等。由于腰椎失稳的原因往往是相邻胸椎和髋关节的灵活性下降，因此本书将主要介绍针对胸椎灵活性和髋关节灵活性（多平面）的筛查方法。

胸椎灵活性筛查

≥ 160 度：合格

- 筛查目的 -

对胸椎的灵活性进行筛查。

- 筛查重点 -

打开的手臂是否能够触地及其与同侧肩关节在平面内的位置关系。

- 筛查步骤 -

1　身体呈左侧卧姿势，双腿屈髋、屈膝 90 度，双臂向正前方伸直，双掌并拢。

2 保持下方手臂紧贴地面，脊柱向对侧旋转，上
3 方手臂缓慢地向外打开，直至能够达到的最大限度。

– 注意事项 –

- 紧贴地面的手臂和下肢的位置保持固定，髋关节不要向手臂打开的方向翻转；
- 眼睛一直看向打开的手臂，头部随之转动；
- 避免过度用力。

– 结果分析 –

- 如果两侧肩关节连线与地面的夹角小于 160 度（起始位置为 90 度），则筛查结果为"不合格，有损伤风险"；
- 如果打开的手臂能够触地，或者两侧肩关节连线与地面的夹角大于等于 160 度，则筛查结果为"合格"；
- 一旦在完成筛查动作的过程中出现疼痛，则说明存在损伤风险。

– 其他角度 –

主动直腿上抬筛查

1

2

≥ 70 度且 < 90 度: 合格

- 筛查目的 -

评估髋关节主动屈曲时伸髋肌的柔韧性，同时观察左右两侧是否存在不对称的情况。

- 筛查重点 -

观察抬起的腿与地面的夹角。

- 筛查步骤 -

1 仰卧在垫子上，确保从头到脚完全接触垫子，双臂自然摆放在身体两侧，双手掌心朝上，双腿并拢，双脚背屈。

2 保持双腿伸直，并主动抬起左腿（或右腿）至最大限度，其他部位的姿势保持不变。完成后，恢复至起始姿势，换另一侧进行筛查。

- 注意事项 -

- 抬起的腿不要左右摇晃；
- 下方的腿保持完全贴地；
- 不要为了抬得更高而过度用力（这样做会产生代偿且会影响筛查结果）；
- 进行该项筛查前，不需要进行其他动作练习。

- 结果分析 -

- 如果抬起的腿与地面的夹角小于 70 度，则筛查结果为"不合格，有损伤风险"；
- 如果抬起的腿与地面的夹角大于等于 70 度且小于 90 度，则筛查结果为"合格"；
- 如果抬起的腿与地面的夹角大于等于 90 度，则筛查结果为"优秀"；
- 如果两侧的腿抬起角度相差明显（超过 10 度），则不论单侧腿的筛查结果如何，总体筛查结果均为"不合格，有损伤风险"；
- 一旦在完成筛查动作的过程中出现疼痛，则说明存在损伤风险。

- 其他情况 -

< 70 度：不合格，有损伤风险

≥ 90 度：优秀

俯卧髋关节主动伸展筛查

1

2

≥ 15 度且 < 30 度：合格

－ 筛查目的 －

评估髋关节主动伸展时屈髋肌的柔韧性，同时观察左右两侧是否存在不对称的情况。

－ 筛查重点 －

观察抬起的腿与地面的夹角。

－ 筛查步骤 －

1 俯卧在垫子上，确保从头到脚完全接触垫子，双臂自然摆放在身体两侧，双手掌心朝上，双腿并拢。

2 保持双腿伸直，并主动抬起右腿（或左腿）至最大限度，其他部位的姿势保持不变。完成后，恢复至起始姿势，换另一侧进行筛查。

– 注意事项 –

- 抬起的腿不要左右摇晃；
- 下方的腿保持完全贴地；
- 不要为了抬得更高而过度用力（这样做会产生代偿且会影响筛查结果）；
- 进行该项筛查前，不需要进行其他动作练习。

– 结果分析 –

- 如果抬起的腿与地面的夹角小于 15 度，则筛查结果为"不合格，有损伤风险"；
- 如果抬起的腿与地面的夹角大于等于 15 度且小于 30 度，则筛查结果为"合格"；
- 如果抬起的腿与地面的夹角大于等于 30 度，则筛查结果为"优秀"；
- 如果两侧的腿抬起角度相差明显（超过 5 度），则不论单侧腿的筛查结果如何，总体筛查结果均为"不合格，有损伤风险"；
- 一旦在完成筛查动作的过程中出现疼痛，则说明存在损伤风险。

– 其他情况 –

优秀

很差：不合格，有损伤风险

较差：不合格，有损伤风险

俯卧屈膝髋关节内旋筛查

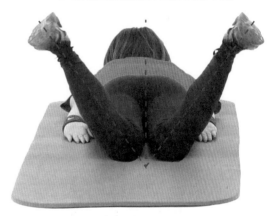

≥ 30 度且双侧相差不超过 5 度：合格

– 筛查目的 –

评估髋关节内旋时髋关节外旋肌的柔韧性，同时观察左右两侧是否存在不对称的情况。

– 筛查重点 –

观察小腿向外打开的幅度（与垂直面的夹角）。

– 筛查步骤 –

1 俯卧在垫子上，确保从头到大腿完全接触垫子，双臂自然摆放在身体两侧，双手掌心朝上，双膝屈曲 90 度。

2 保持双膝屈曲 90 度，双侧小腿同时向外打开。

– 注意事项 –

- 髋部保持稳定，且始终贴地；
- 双腿大腿始终保持并拢；
- 双侧小腿自然打开即可，避免过度用力（这样做会产生代偿且会影响筛查结果）。

– 结果分析 –

- 如果小腿（单侧或双侧）向外打开的幅度小于 30 度，或者双侧小腿向外打开的幅度相差明显（超过 5 度），则筛查结果为"不合格，有损伤风险"；
- 如果双侧小腿向外打开的幅度大于等于 30 度，且双侧小腿向外打开的幅度相差不明显（不超过 5 度），则筛查结果为"合格"；
- 一旦在完成筛查动作的过程中出现疼痛，则说明存在损伤风险。

– 其他情况 –

< 30 度：不合格，有损伤风险

双侧相差超过 5 度：
不合格，有损伤风险

2.2.2 功能动作筛查

通过观察基本动作的完成质量，可以评估、分析受试者在完成基本动作时出现的功能障碍和薄弱环节，为之后制定体能训练或纠正性训练策略提供指导。训练者首先应具有完成高质量动作的能力，且拥有正确的动作模式，才能高效完成训练，并提升运动表现。鉴于腰部的位置和运动功能（详见1.2.2），本文主要对髋关节铰链这一基本动作的筛查方法进行介绍。

髋关节铰链动作筛查

合格

- 筛查重点 -

- 膝关节和脚尖的方向是否不一致（是否发生膝关节内扣）；
- 小腿是否明显向前倾斜；
- 骨盆是否发生明显倾斜；
- 躯干是否无法保持挺直，或者长杆是否无法保持位于背部中轴线处且上部和下部分别紧贴枕骨和骶骨。

- 筛查步骤 -

1. 身体呈站姿，双脚距离与髋同宽，双手分别于颈后和下腰背持长杆并将其置于背部中轴线处，同时确保长杆的上部紧贴枕骨、下部紧贴骶骨。

2. 保持双腿小腿垂直于地面，然后向后顶髋（双膝屈曲约30度，髋关节屈曲约90度）。

- 结果分析 -

如果存在上述"筛查重点"中的任何一种情况，则筛查结果为"不合格，有损伤风险"。

案例分享三：某军队医院护士的腰部功能强化训练体验

— 案例简介 —

- 基本信息：女，军队医院护士。
- 受伤原因：长期工作造成腰部慢性疼痛，某次搬运病人时腰部突然剧痛，并且无法正常行走、站立，经检查为椎间盘突出。
- 治疗历程：理疗，针灸，康复训练，服用药物。
- 治疗效果：从急性症状转为慢性疼痛，保持静态姿势（坐姿、站姿）的时间过长、行走时间过长、弯腰或转身时，腰部会出现明显的僵硬和疼痛，腰部无法用力（会产生疼痛等不适症状）。

本人陈述：腰部慢性疼痛的问题已经困扰我很多年了。2018年3月，我在搬运病人时突然感到腰部剧痛，经检查诊断为第四节、第五节腰椎椎间盘突出，以及第五节腰椎、骶椎椎间盘突出。骨科医生建议我进行手术，但是我不想做手术，最终选择进行保守治疗，即服用药物并结合理疗。经过两周的治疗和休息，我的腰部疼痛有所改善（但依旧明显），身体能够慢慢行走。

后来，我在机缘巧合下参加了闫琪博士的运动处方讲座。闫琪博士在讲座中讲解了功能训练的理念，并且为了让大家更好地理解功能训练的效果选择进行现场演示。我很幸运地被选中成为示范案例。

闫琪博士首先对我的腰部问题进行了简单的评估，并得出以下结果：站姿时，腰部疼痛的等级为4级左右；前屈和旋转时，腰部疼痛的等级达到7级以上；腰部完全无法进行后伸；胸椎的灵活性很差，并且伴有5级左右的明显疼痛。

闫琪博士坦白地告诉我问题比较严重，仍要以休息和医学治疗为主，但可以通过进行安全的功能训练加快恢复的进程。闫琪博士开始教我进行仰卧位的腹式呼吸训练。在完成2组呼吸训练之后，我的胸椎灵活性奇迹般地改善了许多，疼痛也明显减轻至2级左右，原先紧绷的身体感到了轻松和舒展。2组简单的呼吸训练竟有这么明显的效果，这使我第一次体会到功能训练的神奇，同时也大大增强了我主动锻炼的信心。然后，闫琪博士指导我进行了一系列安全的胸椎松解训练、臀肌松解训练和胸椎旋转训练。在此过程中，我能明显感觉到腰部的活动范围在逐渐增大，疼痛也在逐渐减轻。经过 40 多分钟的练习后，闫琪博士再次对我的腰部问题进行了评估，并得出以下结果：站姿和前屈时，腰部几乎没有疼痛感；前屈的幅度增大，疼痛等级降低至 2~3 级。

这次的亲身实践让我建立了通过科学的锻炼来改善腰部症状的信心。此后的两周，我按照闫琪博士提出的训练步骤，每天坚持进行练习，有效改善了腰部的症状，甚至恢复了正常的工作。在一次出差过程中，我突然发现即使坐 3 个多小时的飞机，以及每天长时间保持久坐姿势，我的腰也没有出现疼痛。要知道之前即使是没有出现椎间盘突出的问题时，长期久坐也会导致我的腰部产生明显的疼痛。

这些简单的功能强化训练方法不仅缓解甚至消除了我的腰部疼痛，而且让腰部变得更加稳固。在经过一段时间的锻炼后，我参加了全军文职人员的体能测试并通过了所有的科目，包括仰卧起坐、3000 米这些之前对我来说很困难的项目。当时的我非常兴奋，第一时间就将这个好消息告诉了闫琪博士。正是这些简单实用的功能训练方法帮助我减轻了腰部疼痛，让我的工作和生活变得更有活力！

第三章

腰部功能强化
训练策略与动作练习

功能训练的最终目标是提升生活质量及运动表现。而这一目标的达成并不是通过孤立地训练某一块肌肉来实现的，而是通过改善肌肉的协调配合和身体对它们的控制能力，使整个身体像团队一样协同工作来实现的。

因此，本章将从人体整体运动链的角度出发，讲解腰部功能强化训练策略的七大步骤及其对应的具体动作练习。

3.1 腰部功能强化训练策略

3.1.1 关节的灵活性与稳定性功能

人体的关节具有"灵活性"和"稳定性"两种功能：灵活性是指一个关节可以在关节幅度的全程里自由移动的能力；稳定性是指一个关节可以抵抗移动、控制关节位置的能力。人体参与运动的关节都具备一定的灵活性和稳定性，但各有特点，有些以灵活性功能为主，有些以稳定性功能为主，这些关节相互影响，在完成功能动作时发挥自身的作用。

在人体的整体运动功能中，踝关节、髋关节、胸椎和肩关节需要较高的灵活性，而膝关节、腰椎和肩胛胸廓关节需要较高的稳定性（见下图）。如果人体各关节能够达到自身的功能，就能够完成高质量的功能动作，而如果人体关节功能受限，就无法完成高质量的功能动作，从而可能产生各种功能障碍，也非常容易引起各种运动损伤。许多疲劳性的伤病与人体关节的功能下降有着密切的联系。通常稳定性关节更容易产生疼痛，而导致稳定性关节疼痛的原因往往是相邻关节的灵活性功能下降。例如，下背部疼痛在很多情况下是胸椎和髋关节的灵活性下降所致。

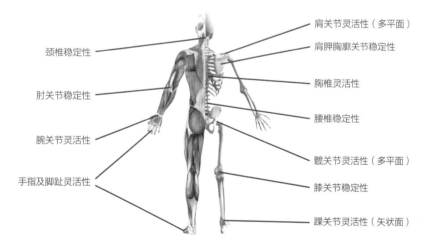

腰部僵硬甚至出现慢性疼痛是现代人常见的身体功能问题。腰椎需要具备良好的稳定性，才能高质量地完成人体运动，如果腰椎失稳，会造成周围肌肉、韧带的张力发生改变，并对椎体周围的小面关节的位置产生影响，使其在运动时产生撞击、出现错位和软组织炎症，从而导致腰部功能下降，甚至产生疼痛。腰椎失稳的原因往往是相邻胸椎和髋关节的灵活性下降，腰椎被迫进行动作代偿。

3.1.2 功能训练的进阶模式

功能训练的进阶模式主要分为 4 个板块，即灵活性、稳定性、动作模式和功能力量。灵活性使人体能够完成多样性、幅度更完整的动作，同时提供更加灵敏的本体感受。稳定性使人体能够完成质量更好、控制更精细的动作，需要反射性的本体感受支持。高质量的动作模式需要每一个参与的关节都具备良好的灵活性与稳定性。当有了高质量的动作模式后，才可以在此动作上施加负荷，从而提高人体的功能力量。

建立功能训练的逻辑顺序非常重要：首先，获得良好的关节灵活性是功能强化的第一步；其次，关节的稳定性需要建立在良好灵活性的基础之上；再者，完成高质量的动作模式既需要良好的关节灵活性，又需要良好的关节稳定性；最后，功能力量需要将关节灵活性、关节稳定性和动作模式有效地整合在一起。

灵活性：关节最基本的功能

灵活性是关节最基本的功能。如果灵活性存在障碍，就不会有良好的本体感受；相反，好的灵活性可以给身体带来更多的本体感受反馈。应在关节灵活性取得进步之后再训练其稳定性。

稳定性：控制一个或多个关节动作的功能

良好的稳定性需要良好的本体感受。在具备良好的关节稳定性的前提下，可以在关节上施加主动的肌肉控制，而且能够控制肌肉的收缩以随时改变力量的方向，从而能够在身体受到外界变化影响的情况下，反射性地控制住正确姿势或正确动作。

如何建立稳定性呢？需要注意以下几点：稳定性不是力量；稳定性受反射作用驱使；稳定性与神经肌肉感觉和姿势控制有关；要先获得静态稳定性，再获得动态稳定性。总的来说，稳定性是一种反映神经肌肉系统对姿势进行控制的能力。

动作模式：多个关节协调运动的功能

动作模式是建立在人体三维平面上，按照一定的时间、空间和次序组合在一起的具备某种功能的动作单元。高质量的动作模式需要参与的关节均具备良好的灵活性与稳定性。基础动作模式是组成功能活动的基本动作单元，能提供正确且协调的方法使身体进行功能活动。它是人类通过进化所获得的基本能力。

基础动作模式包括：上肢的推和拉、蹲起、髋关节铰链（硬拉）、旋转和水平移动等。

动作模式异常会造成动作质量下降、动作效率下降以及损伤风险增加等。

动作模式异常的原因主要包括：呼吸、损伤、慢性疼痛、身体姿势异常、部分肌肉紧张、部分肌肉力量下降和本体感觉功能减退等。

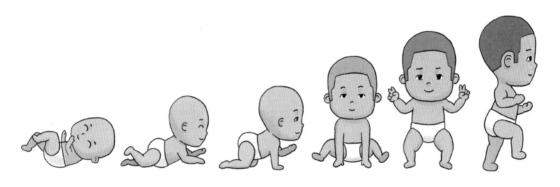

婴儿在成长发育的过程中逐步获得了基本运动功能

功能力量：在一个或多个基础动作模式之上增加负荷

功能力量是人体为了达到某种运动表现目的而形成的力量。功能力量训练是一种全方位的运动。一个功能力量训练动作是由一个或多个基础动作模式有序组合而成的，并且可能会同时使用人体的多个环节。因此，功能力量训练不仅能同时锻炼人体的多块肌肉，还可以锻炼神经肌肉系统的协同与控制，增强身体的平衡性和稳定性，有效降低受伤的概率，提高运动表现。

此外，功能力量训练还有诸多优势：有效地提高肌肉之间的整体协作，提高力量传递效率，更加有针对性，以及方法更加多样化等。

3.1.3 腰部功能强化的七大训练步骤

腰部对于人们的日常工作和生活来说至关重要，它不仅具有维持身体直立及支撑行走的基本功能，而且参与了其他许多重要动作。因此，必须重视腰部的损伤预防与功能强化。

正如前文所述，人体是由多个部位协调合作，进而维持整个身体的功能活动的。针对腰部的功能强化，并不仅仅只是强化该区域的肌肉和关节就能达到目的的。腰部无法脱离身体其他部位单独活动，仅靠腰部也无法完成身体的各种运动。因此，在进行腰部功能强化时，需要特别关注改善相邻关节和肌肉的功能，如髋关节及胸椎等。

因此，在对腰部进行功能强化训练时，首先要通过呼吸训练调整和形成正确的呼吸模式，接着增加胸椎和髋关节的灵活性，然后发展并锻炼正确的髋关节铰链动作模式，并有针对性地增强核心区域的稳定性和力量，最后进行全身力量训练，全面巩固和强化腰部功能。

综上所述，腰部功能强化训练策略具体通过以下七个步骤进行：

（1）呼吸训练；

（2）胸椎灵活性训练；

（3）髋关节灵活性训练；

（4）髋关节铰链动作模式训练；

（5）核心稳定性训练；

（6）核心力量训练；

（7）全身力量训练。

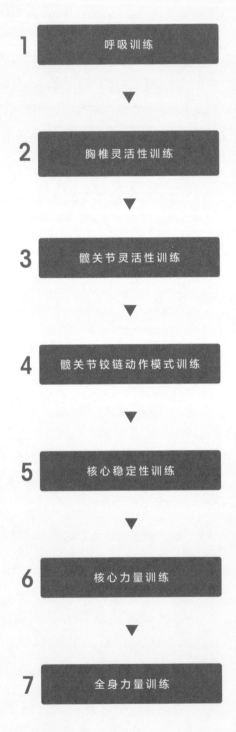

1　呼吸训练

2　胸椎灵活性训练

3　髋关节灵活性训练

4　髋关节铰链动作模式训练

5　核心稳定性训练

6　核心力量训练

7　全身力量训练

3.2 腰部功能强化动作练习

当感到腰部不适时，首先应该对自己腰部存在的问题进行一个判断，以决定选择立刻就医，还是尝试通过功能强化训练来缓解不适。

因此，在决定进行功能强化训练前，请回答以下问题。

（1）是否有不适宜运动的疾病？

　a. 是　　　不建议进行功能强化训练，建议进行医学检查或休息

　b. 否　　　进入问题（2）

（2）腰部是否有明显疼痛？

　a. 是　　　进入问题（3）

　b. 否　　　进行关节活动度筛查

（3）是急性损伤疼痛还是慢性疼痛？

　a. 急性　　不建议进行功能强化训练，建议进行医学检查或休息

　b. 慢性　　进入问题（4）

（4）腰部周围是否有明显水肿？

　a. 是　　　不建议进行功能强化训练，建议进行医学检查或休息

　b. 否　　　进入问题（5）

（5）如果将疼痛等级分为 1~10 级（见下页图），请判断你的疼痛等级为多少？

　a. 疼痛等级小于等于 4 级　　可以进行功能强化训练，但若在损伤风险筛查或训练过程中出现任何不适或疼痛加剧，请立即停止，并咨询专业人员

　b. 疼痛等级大于 4 级　　　　不建议进行功能强化训练，建议进行医学检查或休息

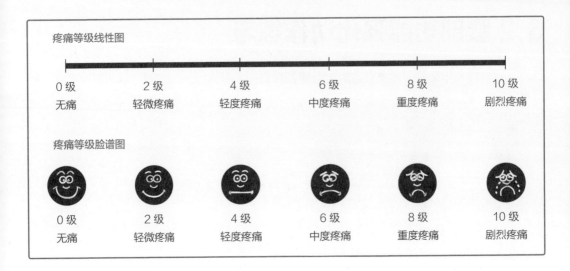

如果通过上述问题，你得出的答案是可以进行功能强化训练，那么欢迎你按照本书所述的训练方法踏上腰部功能强化之路！在这个过程中，你需要特别注意以下几个问题。

1. 在开始进行功能强化训练之前，请先按照 2.2 中的内容进行自我功能筛查，了解自己所存在的和腰部相关的功能问题。

2. 请认真阅读后文所介绍的每一个动作练习的步骤和要求，仔细观察图片和视频中的示范动作。

3. 请在训练过程中始终关注自己的身体感受，正确地分辨软组织（包括肌肉组织、筋膜组织和韧带组织）因训练刺激产生的酸痛感和因关节伤病产生的疼痛感。其中，软组织的酸痛感是训练带来的正常感觉，但注意应一方面根据自己的适应能力逐步加大训练刺激，另一方面避免过度用力和过度刺激。另外，一旦出现了明显的关节疼痛，请立即停止这个动作练习，转而尝试其他的动作练习，但如果疼痛始终存在并比训练前明显加重，那么请立即停止训练，并咨询专业人员。

4. 请在训练过程中始终把动作质量放在首位，避免盲目追求练习的次数和负重。

5. 如果在风险筛查（详见 2.2）的过程中未达到基本要求，筛查结果为"不合格，有损伤风险"，那么请你首先关注这些问题，并将其作为功能强化训练的重点，不要忽略每一个薄弱环节。完成每次功能强化训练后，请重新进行筛查，观察自己的训练效果，也可以看到自己的不断进步。

6. 要知道，你的问题不是一天形成的，所以必然无法仅仅通过一次或几次训练就完全改善。功能强化需要一个过程，长短取决于问题的严重程度。但是只要每次按照要求认真完成训练，你就可以看到自己的进步。

7. 本书最大的优势就是用清晰的逻辑次序引导你一步一步地进行腰部功能强化训练。因此，请跟随书中的练习顺序，不要跳过必要的步骤。

3.2.1 呼吸训练

人体约有 20 块主动肌和辅助肌参与呼吸运动，其中膈肌、肋间肌、斜角肌、腹横肌和脊柱深层肌在维持呼吸和稳定脊柱方面发挥着重要作用。因此，正确的呼吸方式不但可减少颈肩痛、腰痛、头痛等疾病的发生，还有助于维持脊柱稳定和健康的体态。而不良的呼吸方式则很有可能引起慢性疼痛、体态失衡、运动损伤、内脏问题及心态问题等。

人类要生存就需要呼吸，然而呼吸看似简单，却很容易出现问题。常见的几种主要呼吸问题包括：

（1）吸气时，整个胸廓（上胸部更加明显）的上提运动；

（2）呼吸时以胸部运动为主，而不是腹部运动；

（3）低位肋骨无侧方偏移；

（4）腹壁在吸气时向内移动，在呼气时向外移动；

（5）腹壁不能维持支撑以及正常地呼吸；

（6）浅呼吸，即腹部或者胸廓运动轻微或无运动。

本书将呼吸训练作为腰部功能强化训练的第一步，旨在一方面降低交感神经兴奋性，减轻中枢系统的压力，让筋膜和肌肉系统能够更好地放松下来，另一方面帮助调整和形成正确的呼吸模式。

俯卧呼吸训练（鳄鱼式呼吸）

1

2

- 训练目的 -

激活膈肌，降低易紧张
的肌肉的张力，协调维
持机体稳态。

- 注意事项 -

按照节奏缓慢、持续进
行吸气和呼气。

- 训练步骤 -

1 身体放松，俯卧在垫子上，双脚并拢，双手叠放
在额下，用鼻腔缓缓吸气，大约用时 4 秒，胸
廓尽量保持不动，腹腔向两侧和背侧扩张顶起；
然后屏气 2 秒。

2 用嘴缓缓将气体呼出，大约用时 6 秒，并在呼
气的同时收缩腹部，以尽量将气体呼出。重复练
习规定次数。

仰卧呼吸训练（仰卧腹式呼吸）

1

2

- 训练目的 -

激活膈肌，降低易紧张的肌肉的张力，协调维持机体稳态。

- 注意事项 -

按照节奏缓慢、持续进行吸气和呼气。

- 训练步骤 -

1 身体放松，仰卧在垫子上，双手叠放在腹部，双脚并拢，用鼻腔缓缓吸气，大约用时 4 秒，胸廓尽量保持不动，感觉双手被腹部向上和向两侧顶起；然后屏气 2 秒。

2 用嘴缓缓将气体呼出，大约用时 6 秒，并在呼气的同时收缩腹部，以尽量将气体呼出。重复练习规定次数。

90-90 式呼吸训练

1

2

- 训练目的 -

激活膈肌，降低易紧张的肌肉的张力，协调维持机体稳态。

- 注意事项 -

按照节奏缓慢、持续进行吸气和呼气。

- 训练步骤 -

1 身体放松，仰卧在垫子上，双手叠放在腹部，双腿屈髋、屈膝 90 度向上抬起，小腿平放在椅子上，用鼻腔缓缓吸气，大约用时 4 秒，胸廓尽量保持不动，感觉双手被腹部向上和向两侧顶起；然后屏气 2 秒。

2 用嘴缓缓将气体呼出，大约用时 6 秒，并在呼气的同时收缩腹部，以尽量将气体呼出。重复练习规定次数。

3.2.2 胸椎灵活性训练

根据"人体区域的相互依存模型"，腰椎区域在人体运动链的力量传递过程中需要具备足够的稳定性，才能避免腰椎椎体承受过大的压力，而腰椎区域的稳定性建立在相邻关节（向上是胸椎区域，向下是髋关节）的灵活性的基础上。人体在完成复杂运动时，胸椎需要在矢状面和水平面上具备足够的灵活性，才能很好地对腰椎的稳定性形成支持。如果胸椎不能保持足够的灵活性，腰椎区域的稳定性会受到影响，在运动中进行代偿，同时腰椎椎体之间被动地扩大活动范围，并进一步对周围软组织的张力变化产生影响。

在进行胸椎灵活性训练时，建议先使用泡沫轴对胸椎周围的软组织进行滚压。在滚压过程中，应有意识地将胸椎分为上、中、下三个节段，然后按照从下至上的顺序依次对每个节段进行滚压，同时注意动作要轻柔缓慢，速度不能过快，使机体逐步产生适应，从而对表层的筋膜进行梳理。在滚压过程中，软组织应该有酸胀感甚至轻微的压痛感，但如果感觉过于强烈，疼痛明显，则可以通过两种方法进行调节：一种方法是换质地软一些的泡沫轴进行训练；另一种方法是用肘部支撑地面，减轻身体的局部压力。

当身体对滚压产生一定程度的适应后，可以用筋膜球或花生球对胸椎两侧的软组织进一步进行按压和滚动（按照从下至上的顺序依次对每个节段进行按压和滚动，并在有明显酸痛的位置进行深度按压，逐步释放扳机点的张力）。在胸椎周围软组织的功能恢复后，可以通过主动练习进一步恢复胸椎灵活性。在进行主动练习时，最好配合腹式呼吸，即在起始姿势下吸气，在伸展的过程中呼气，同时注意动作要缓慢稳定，当伸展到最大幅度时保持1~2秒，然后有控制地回到起始姿势。

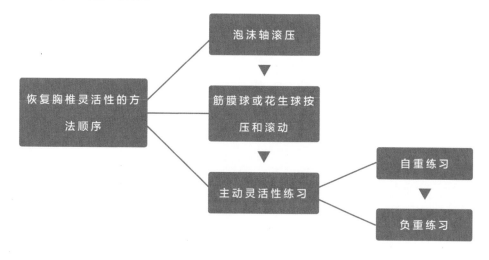

胸椎周围软组织松解训练

泡沫轴滚压胸椎周围软组织训练

– 变式动作 –

身体呈仰卧姿势，双腿屈膝，双脚分开撑地，双手交叉抱头，将泡沫轴置于中背部下方，使臀部抬离地面，吸气。

呼气时，身体以泡沫轴为支撑点下压至臀部接触地面，肩部及头部后仰约45度。恢复至起始姿势，重复规定次数或时间。

– 训练目的 –

放松上背部筋膜与肌肉，促进胸椎周围软组织功能恢复。

– 注意事项 –

有意识地将胸椎分为上、中、下三个节段，然后按照从下至上的顺序依次对每个节段进行滚压，并保持呼吸均匀。

– 训练步骤 –

1. 身体呈仰卧姿势，双腿屈膝，双脚分开撑地，双手抱于胸前，将泡沫轴置于上背部下方，将臀部抬离地面。

2. 双脚推地，带动身体前后移动，使泡沫轴在上背部慢慢来回滚动至规定时间，并可在有明显酸痛点的位置进行局部反复滚动。

动态胸椎灵活性训练

猫式伸展训练

胸椎灵活性训练 ▼ 动态胸椎灵活性训练

– 训练目的 –

伸展背部肌肉，增强胸椎灵活性。

– 注意事项 –

动作过程中保持腹部收紧，动作缓慢而有控制。

– 训练步骤 –

1 身体呈俯撑跪姿，双臂伸直且位于肩关节正下方，双手指尖朝前，背部保持平直。

2~3 四肢姿势保持不变，在吸气的同时将背部向上拱起至最大限度（头部随之向下运动），保持2秒。然后在呼气的同时将背部下压至最大限度（头部随之上抬），保持2秒。重复拱起和下压背部至规定次数。

下犬式伸展训练

1

2

- 训练目的 -

伸展肩部及背部肌肉，
增强胸椎灵活性。

- 注意事项 -

动作过程中保持腹部收
紧，双脚位置固定。

- 训练步骤 -

1 身体呈四点支撑姿势，双手与双脚撑地，双臂、
双腿伸直且间距大于肩宽，髋部屈曲，整个身体
呈倒 V 形，吸气。

2 保持躯干平直、四肢伸直，在呼气的同时肩部向
腿部靠拢至最大限度，保持 1~2 秒。恢复至起
始姿势，重复规定次数。

翻书训练

– 训练目的 –

增强胸椎灵活性。

– 注意事项 –

动作过程中保持髋部及下肢姿势不变，头部跟随打开的手臂同步转动。

– 训练步骤 –

1 身体呈左侧卧姿势，双腿屈髋、屈膝90度，双臂于肩关节正前方伸直，双掌并拢，吸气。

2 **3** 保持左臂紧贴地面，在呼气的同时躯干向右侧旋转，右臂缓慢地向右打开至最大限度，保持1~2秒。恢复至起始姿势，重复规定次数后，换另一侧进行该动作。

抓肋式胸椎旋转训练

1

2

- 训练目的 -

增强胸椎灵活性。

- 注意事项 -

动作过程中保持髋部及
下肢姿势不变，头部跟
随躯干的旋转同步转动。

- 训练步骤 -

1 身体呈左侧卧姿势，左腿伸直，右腿屈髋、屈膝
90 度并将泡沫轴置于右膝下方，左臂于体前伸
直且紧贴地面，右臂向前屈肘并用右手抓住左侧
肋骨，吸气。

2 保持左臂紧贴地面，在呼气的同时躯干向右侧旋
转（右手抓紧肋骨辅助），使右侧肩胛骨向地面
靠近至最大限度，保持 1~2 秒。恢复至起始姿势，
重复规定次数后，换另一侧进行该动作。

坐姿胸椎旋转训练

1

2

3

– 训练目的 –

增强胸椎灵活性。

– 注意事项 –

动作过程中保持躯干挺直，双臂打开。

– 训练步骤 –

1 身体呈坐姿，躯干挺直，双臂屈肘上抬并向外打开至与躯干在同一平面内，双手置于脑后，吸气。

2 在呼气的同时躯干向左旋转至最大限度，保持 1~2 秒。

3 恢复至起始姿势，吸气，然后在呼气的同时躯干向右旋转至最大限度，保持1~2秒。恢复至起始姿势，重复规定次数。

四点跪姿胸椎旋转训练

1

2

3

- **训练目的** -

增强胸椎灵活性。

- **注意事项** -

动作过程中保持髋部及
下肢姿势不变，头部跟
随躯干的旋转同步转动。

- **训练步骤** -

1 身体呈俯撑跪姿，双膝位于髋关节正下方，右臂
伸直且位于肩关节正下方，左臂屈肘上抬至与地
面平行，左手扶于脑后。

2 保持右臂伸直且右肩位置固定，在吸气的同时躯
干向右旋转，左肩下压至最大限度，保持1~2秒。

3 继续保持右臂伸直且右肩位置固定，在呼气的同
时躯干向左旋转，左肩上抬至最大限度，保持
1~2秒。躯干重复向两侧旋转至规定次数，换另
一侧进行该动作。

四点跪姿腰椎锁定胸椎旋转训练

1

2

3

- 训练目的 -

增强胸椎灵活性。

- 注意事项 -

动作过程中保持髋部及下肢姿势不变,头部跟随躯干的旋转同步转动。

- 训练步骤 -

1 身体呈跪坐姿势,右臂屈肘且前臂撑地,左臂屈肘上抬至与地面平行,左手扶于脑后。

2 保持右臂及右肩位置固定,在吸气的同时躯干向右旋转,左肩下压至最大限度,保持 1~2 秒。

3 继续保持右臂及右肩位置固定,在呼气的同时躯干向左旋转,左肩上抬至最大限度,保持 1~2 秒。躯干重复向两侧旋转至规定次数,换另一侧进行该动作。

卧姿麻花拉伸训练

– 其他角度 –

– 训练目的 –

伸展髋部肌群，增强胸椎灵活性。

– 注意事项 –

动作过程中保持髋部及下肢姿势不变，头部跟随躯干的旋转同步转动。

– 训练步骤 –

1. 身体呈右侧卧姿势，左腿向前屈髋、屈膝 90 度，右手抓住左膝，右腿向后屈膝且大腿与躯干和头部呈一条直线，左手抓住右脚脚尖，吸气。

2. 保持身体稳定，在呼气的同时躯干向左旋转至最大限度，保持 1~2 秒。恢复至起始姿势，重复规定次数后，换另一侧进行该动作。

坐姿麻花拉伸训练

－ 其他角度 －

－ 训练目的 －

伸展髋部肌群，增强胸椎灵活性。

－ 注意事项 －

动作过程中保持髋部及下肢姿势不变，头部跟随躯干的旋转同步转动。

－ 训练步骤 －

1　身体呈坐姿，右腿外旋并向右屈髋、屈膝 90 度，左腿内旋并向左屈髋、屈膝 90 度，躯干挺直并后倾，右臂于体后伸直支撑，左臂于体前伸直，吸气。

2　保持右臂伸直，在呼气的同时躯干向右旋转至最大限度，左手随之向右后方移动至右手旁，保持 1~2 秒。恢复至起始姿势，重复规定次数后，换另一侧进行该动作。

站姿胸椎旋转训练

– 变式动作 –

通过身体前倾、双臂伸直、双手扶墙支撑身体重量，增大动作难度。

– 训练目的 –

增强胸椎灵活性。

– 注意事项 –

动作过程中保持髋部及
下肢姿势不变，头部跟
随打开的手臂同步转动。

– 训练步骤 –

1 身体呈站姿，双臂向前水平伸直且双掌并拢，
吸气。

2 保持右臂伸直、右肩位置固定，在呼气的同时躯
干向左旋转，左臂缓慢地向左打开至最大限度，
保持 1~2 秒。恢复至起始姿势，重复规定次数后，
换另一侧进行该动作。

弓箭步胸椎旋转训练

－ 训练目的 －

增强胸椎灵活性。

－ 注意事项 －

动作过程中保持髋部及下肢姿势不变，头部跟随打开的手臂同步转动。

－ 训练步骤 －

1 双腿呈弓步姿势，左腿屈髋、屈膝 90 度在前，右腿屈膝 90 度在后且膝关节不触地，右脚脚尖撑地，双臂向前水平伸直且双掌并拢，吸气。

2 保持右臂伸直、右肩位置固定，在呼气的同时躯干向左旋转，左臂缓慢地向左打开至最大限度，保持 1~2 秒。恢复至起始姿势，重复规定次数后，换另一侧进行该动作。

抗阻动态胸椎灵活性训练

抗阻翻书训练

- **训练目的** -

增强胸椎灵活性。

- **注意事项** -

动作过程中保持髋部及
下肢姿势不变，头部跟
随打开的手臂同步转动。

- **训练步骤** -

1. 身体呈右侧卧姿势，双腿屈髋、屈膝 90 度，右臂于肩关节正前方伸直且紧贴地面。将弹力带的一端固定在身体右侧高处，左臂于肩关节正前方伸直且用左手握住弹力带的另一端，使弹力带具有一定张力。吸气。

2. \
3. 保持右臂紧贴地面，在呼气的同时躯干向左侧旋转，左臂拉动弹力带缓慢地向左打开至最大限度，保持 1~2 秒。恢复至起始姿势，重复规定次数后，换另一侧进行该动作。

抗阻对角线胸椎旋转训练

– 训练目的 –

增强胸椎灵活性。

– 注意事项 –

动作过程中保持髋部及下肢姿势不变，头部跟随打开的手臂同步转动。

– 训练步骤 –

1 身体呈右侧卧姿势，右腿伸直，左腿屈髋、屈膝90度并将泡沫轴置于左膝下方，右臂于体前伸直且紧贴地面。将弹力带的一端固定在身体右侧高处，左臂于肩关节斜下方伸直且用左手握住弹力带的另一端，使弹力带具有一定张力。吸气。

2 **3** 保持右臂紧贴地面，在呼气的同时躯干向左侧旋转，左臂拉动弹力带缓慢地向对角线方向打开至最大限度，保持1~2秒。恢复至起始姿势，重复规定次数后，换另一侧进行该动作。

抗阻四点跪姿胸椎旋转训练

- 训练目的 -

增强胸椎灵活性。

- 注意事项 -

动作过程中保持髋部及下肢姿势不变，头部跟随躯干的旋转同步转动。

- 训练步骤 -

1 身体呈俯撑跪姿，双膝位于髋关节正下方，右臂伸直且位于肩关节正下方，左臂屈肘上抬至与地面平行，左手扶于脑后。将超级训练带自后侧套在左肩处并经体前绕至右侧腰部，另一端固定在身体右后方高处，并使其具有一定张力。

2 保持右臂伸直且右肩位置固定，在吸气的同时躯干向右旋转，左肩下压至最大限度，保持1~2秒。

3 继续保持右臂伸直且右肩位置固定，在呼气的同时躯干向左旋转，左肩上抬至最大限度，保持1~2秒。躯干重复向两侧旋转至规定次数，换另一侧进行该动作。

抗阻四点跪姿腰椎锁定胸椎旋转训练（手放头后）

– 训练目的 –

增强胸椎灵活性。

– 注意事项 –

动作过程中保持髋部及下肢姿势不变，头部跟随躯干的旋转同步转动。

– 训练步骤 –

1　身体呈跪坐姿势，右臂屈肘且前臂撑地，左臂屈肘上抬至与地面平行，左手扶于脑后。将超级训练带自后侧套在左肩处并经体前绕至右侧腰部，另一端固定在身体右后方高处，并使其具有一定张力。

2　保持右臂及右肩位置固定，在吸气的同时躯干向右旋转，左肩下压至最大限度，保持 1~2 秒。

3　继续保持右臂及右肩位置固定，在呼气的同时躯干向左旋转，左肩上抬至最大限度，保持 1~2 秒。躯干重复向两侧旋转至规定次数，换另一侧进行该动作。

抗阻四点跪姿腰椎锁定胸椎旋转训练（手放背后）

1

2

3

- 训练目的 -

增强胸椎灵活性。

- 注意事项 -

动作过程中保持髋部及下肢姿势不变，头部跟随躯干的旋转同步转动。

- 训练步骤 -

1 身体呈跪坐姿势，右臂屈肘且前臂撑地，左臂屈肘向后，左手置于中背部。将超级训练带自后侧套在左肩处并经体前绕至右侧腰部，另一端固定在身体右后方高处（或由辅助者握住），并使其具有一定张力。

2 保持右臂及右肩位置固定，在吸气的同时躯干向右旋转，左肩下压至最大限度，保持 1~2 秒。

3 继续保持右臂及右肩位置固定，在呼气的同时躯干向左旋转，左肩上抬至最大限度，保持 1~2 秒。躯干重复向两侧旋转至规定次数，换另一侧进行该动作。

抗阻站姿胸椎旋转训练

– 变式动作 –

通过身体前倾、双臂伸直、双手扶墙支撑身体重量，增大动作难度。

– 训练目的 –

增强胸椎灵活性及肩胛区域的稳定性。

– 注意事项 –

动作过程中保持髋部及下肢姿势不变，头部跟随打开的手臂同步转动。

– 训练步骤 –

1 身体呈站姿，双臂前平举，双手分别握住弹力带的两端并使其具有一定张力，吸气。

2 保持右臂伸直、右肩位置固定，在呼气的同时躯干向左旋转，左臂缓慢地向左打开至最大限度，保持 1~2 秒。恢复至起始姿势，重复规定次数后，换另一侧进行该动作。

抗阻弓箭步胸椎旋转训练

- 训练目的 -

增强胸椎灵活性及肩胛区域的稳定性。

- 注意事项 -

动作过程中保持髋部及下肢姿势不变，头部跟随打开的手臂同步转动。

- 训练步骤 -

1 双腿呈弓步姿势，左腿屈髋、屈膝 90 度在前，右腿屈膝 90 度在后且膝关节不触地，右脚脚尖撑地，双臂前平举，双手分别握住弹力带的两端并使其具有一定张力，吸气。

2 保持右臂伸直、右肩位置固定，在呼气的同时躯干向左旋转，左臂缓慢地向左打开至最大限度，保持 1~2 秒。恢复至起始姿势，重复规定次数后，换另一侧进行该动作。

举壶铃胸椎旋转训练

1　　　　　　**2**

－ 训练目的 －

增强胸椎灵活性及肩胛区域的稳定性。

－ 注意事项 －

动作过程中保持身体稳定。

－ 训练步骤 －

1 身体呈站姿，双脚分开，距离与肩同宽，右臂于体侧伸直，左手抓握壶铃，左臂向上伸直至垂直于地面，壶铃底部向下，吸气。

2 保持左臂伸直且垂直于地面，在呼气的同时屈髋、屈膝下蹲，躯干向左旋转至右手触地，保持 1~2 秒。恢复至起始姿势，重复规定次数后，换另一侧进行该动作。

3.2.3 髋关节灵活性训练

人体在完成复杂运动时，髋关节需要在矢状面上具备足够的灵活性，才能对腰椎的稳定性形成支持。如果髋关节不能保持足够的灵活性，腰椎区域的稳定性也会受到影响，在运动中进行代偿，形成圆背的错误动作模式，同时腰椎椎体之间形成较大的剪切力，挤压椎间盘并造成周围软组织的张力异常。因此，在强化腰椎区域的功能时，需要关注髋关节的灵活性。

如果髋关节灵活性不足，就需要进行纠正性训练，以恢复其灵活性，保证人体运动链力量传递的合理性。而恢复髋关节灵活性的第一步，就是对髋关节周围的软组织的张力进行调节，恢复髋关节的共轴性，形成良好的生物力学模式。

筋膜释放技术、扳机点处理技术和静态拉伸技术都是调节髋关节周围软组织张力，促进其功能恢复的有效手段：建议首先用泡沫轴对髋关节周围软组织进行滚压，从而释放筋膜层面的软组织高度张力，同时促进肌肉和韧带的血液循环，增加淋巴回流；然后应用筋膜球对局部软组织中的扳机点进行按压和滚动 [按照扳机点理论的创始者特拉维尔 (Travell) 和西蒙斯 (Simons) 的话说，扳机点是 "骨骼肌中过度应激的点，这个点与其中高度敏感的可以触摸到的小结节密切相关。按压这个点会引发典型的触痛、牵涉痛、运动功能障碍以及自主神经症状"。一般在处理局部扳机点时，首先进行按压和滚动，使机体逐步产生适应，当能够感觉到疼痛度明显下降，可以通过相关肌肉被动或主动收缩来进一步刺激扳机点，逐步消除扳机点]；最后通过静态拉伸使原先紧张的筋膜和肌肉恢复初始长度，逐步达到正常的功能。

在髋关节周围软组织的张力得到有效调节，功能恢复正常后，可以通过主动练习进一步恢复髋关节灵活性。

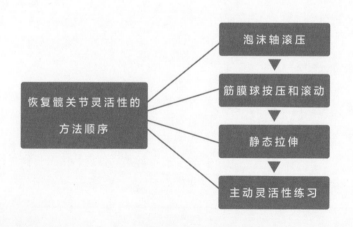

泡沫轴滚压训练

泡沫轴滚压大腿前侧训练

1

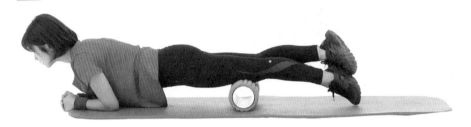

2

– 训练目的 –

放松大腿前侧筋膜与肌肉，促进髋关节周围软组织功能恢复。

– 注意事项 –

滚压过程中保持腹部收紧，身体稳定。

– 训练步骤 –

1 身体呈俯卧姿势，双肘屈肘撑地，将泡沫轴置于左腿大腿下方，右腿叠放于左腿之上。

2 双臂推地，带动身体前后移动，使泡沫轴在左腿大腿处慢慢来回滚动，并可在有明显酸痛点的位置进行局部反复滚动。滚动至规定时间后，换另一侧进行该动作。

泡沫轴滚压大腿后侧训练

1

2

- - - - - - →

- 训练目的 -

放松大腿后侧筋膜与肌肉，促进髋关节周围软组织功能恢复。

- 注意事项 -

滚压过程中保持腹部收紧，臀部抬离地面。

- 训练步骤 -

1 身体呈坐姿，双臂伸直撑于体后，右腿伸直，将泡沫轴置于右腿大腿下方，左腿屈曲置于右腿上。

2 双手推地，带动身体前后移动，使泡沫轴在右腿大腿处慢慢来回滚动，并可在有明显酸痛点的位置进行局部反复滚动。滚动至规定时间后，换另一侧进行该动作。

泡沫轴滚压大腿内侧训练

1

2

－ 其他角度 －

－ 训练目的 －

放松大腿内侧筋膜与肌肉，促进髋关节周围软组织功能恢复。

－ 注意事项 －

滚压过程中保持身体稳定。

－ 训练步骤 －

1 身体呈俯卧姿势，双臂屈肘撑地，右腿伸直，左腿屈曲并外展，将泡沫轴置于左腿大腿下方。

2 双臂和右脚推地，带动身体前后移动，使泡沫轴在左腿大腿处慢慢来回滚动，并可在有明显酸痛点的位置进行局部反复滚动。滚动至规定时间后，换另一侧进行该动作。

泡沫轴滚压大腿外侧训练

– 变式动作 –

通过双腿叠放增加滚压压力，增大动作难度。

– 训练目的 –

放松大腿外侧筋膜与肌肉，促进髋关节周围软组织功能恢复。

– 注意事项 –

滚压过程中保持腹部收紧，身体稳定。

– 训练步骤 –

1　身体呈右侧卧姿势，右臂屈曲、左臂伸直，用右前臂和左手支撑于地面，右腿伸直，将泡沫轴置于右腿大腿下方，左腿屈曲支撑于右腿前侧。

2　左手和左脚推地，带动身体前后移动，使泡沫轴在右腿大腿处慢慢来回滚动，并可在有明显酸痛点的位置进行局部反复滚动。滚动至规定时间后，换另一侧进行该动作。

◢ 筋膜球按压扳机点训练

筋膜球按压髂腰肌扳机点训练

– 训练目的 –

放松髂腰肌，处理扳机点。

– 注意事项 –

在可承受的范围内利用尽量多的自身重量进行按压，若出现明显的刺痛或不适（而非正常的酸痛感），应立即停止训练。

– 训练步骤 –

身体呈俯卧姿势，双手叠放在下巴下方，将筋膜球置于左侧髋关节下方。身体移动，使筋膜球在左侧髋关节周围慢慢来回滚动，寻找明显的酸痛点，并可在酸痛点着力滚动。滚动至规定时间后，换另一侧进行该动作。

筋膜球按压梨状肌扳机点训练

- 训练目的 -

放松梨状肌，处理扳机点。

- 注意事项 -

在可承受的范围内利用尽量多的自身重量进行按压，若出现明显的刺痛或不适（而非正常的酸痛感），应立即停止训练。

- 训练步骤 -

身体呈坐姿，双臂伸直支撑于身体后侧，左腿屈膝支撑于地面，右腿屈膝上抬，右脚放在左膝上，将筋膜球置于右侧臀部外侧下方。身体移动，使筋膜球在右侧臀部外侧周围慢慢来回滚动，寻找明显的酸痛点，并可在酸痛点着力滚动。滚动至规定时间后，换另一侧进行该动作。

筋膜球按压大腿前侧扳机点训练

- 训练目的 -

放松大腿前侧筋膜与肌肉，处理扳机点。

- 注意事项 -

在可承受的范围内利用尽量多的自身重量进行按压，若出现明显的刺痛或不适（而非正常的酸痛感），应立即停止训练。

- 训练步骤 -

身体呈俯卧姿势，双臂屈肘撑地，左腿伸直，将筋膜球置于左侧大腿下方，右腿自然屈膝支撑于地面。双臂和右腿推地，带动身体前后移动，使筋膜球在左侧大腿处慢慢来回滚动，寻找明显的酸痛点，并可在酸痛点着力滚动。滚动至规定时间后，换另一侧进行该动作。

筋膜球按压大腿后侧扳机点训练

– 训练目的 –

放松大腿后侧筋膜与肌肉，处理扳机点。

– 注意事项 –

在可承受的范围内利用尽量多的自身重量进行按压，若出现明显的刺痛或不适（而非正常的酸痛感），应立即停止训练。

– 训练步骤 –

身体呈坐姿，双臂伸直支撑于身体后侧，右腿伸直，将筋膜球置于右腿大腿下方，左腿屈膝，左脚置于地面。双手和左脚推地，带动身体前后移动，使筋膜球在右腿大腿处慢慢来回滚动，寻找明显的酸痛点，并可在酸痛点着力滚动。滚动至规定时间后，换另一侧进行该动作。

筋膜球按压大腿内侧扳机点训练

髋关节灵活性训练 ▼ 筋膜球按压扳机点训练

- 训练目的 -

放松大腿内侧筋膜与肌肉，处理扳机点。

- 注意事项 -

在可承受的范围内利用尽量多的自身重量进行按压，若出现明显的刺痛或不适（而非正常的酸痛感），应立即停止训练。

- 训练步骤 -

身体呈俯卧姿势，双臂屈肘撑地，左腿屈曲并外展，将筋膜球置于左腿大腿下方。双臂和右脚推地，带动身体前后移动，使筋膜球在左腿大腿处慢慢来回滚动，寻找明显的酸痛点，并可在酸痛点着力滚动。滚动至规定时间后，换另一侧进行该动作。

筋膜球按压大腿外侧扳机点训练

− 训练目的 −

放松大腿外侧筋膜与肌肉，处理扳机点。

− 注意事项 −

在可承受的范围内利用尽量多的自身重量进行按压，若出现明显的刺痛或不适（而非正常的酸痛感），应立即停止训练。

− 训练步骤 −

身体呈右侧卧姿势，右臂屈肘撑地，左手扶于腰部，右腿伸直，将筋膜球置于右腿大腿下方，左腿屈曲支撑于右腿前侧。右臂与左脚推地，带动身体前后移动，使筋膜球在右腿大腿处慢慢来回滚动，寻找明显的酸痛点，并可在酸痛点着力滚动。滚动至规定时间后，换另一侧进行该动作。

肌肉静态拉伸训练

静态拉伸臀肌训练

- 训练目的 -

促进恢复臀肌的弹性及初始肌肉长度。

- 注意事项 -

拉伸过程中保持非拉伸腿伸直，髋部紧贴地面。

- 训练步骤 -

1 身体呈仰卧姿势，左腿伸直，右腿屈髋、屈膝上抬，双手抱住右腿小腿。

2 双手拉动右腿小腿使其靠近躯干，直至臀部肌肉有中等强度的拉伸感。保持20~30秒后，换另一侧进行该动作。

静态拉伸髂腰肌训练

1

2

- 训练目的 -

促进恢复髂腰肌的弹性及初始肌肉长度。

- 注意事项 -

拉伸过程中保持躯干挺直，上举手臂伸直，双腿膝关节朝向正前方，避免髋部旋转或倾斜。

- 训练步骤 -

1 身体呈单腿跪姿，躯干挺直，右腿在前，左腿在后，双腿大腿与小腿间的角度均大于 90 度，左臂伸直举过头顶，右手扶于腰部。

2 保持躯干挺直，身体重心前移并下压，直至左侧髂腰肌有中等强度的拉伸感。保持 20~30 秒后，换另一侧进行该动作。

静态拉伸梨状肌训练（仰卧姿势）

髋关节灵活性训练 ▼ 肌肉静态拉伸训练

– 变式动作 –

通过用双手抱住拉伸腿的大腿进行拉伸。

– 训练目的 –

促进恢复梨状肌的弹性
及初始肌肉长度。

– 注意事项 –

拉伸过程中保持上身稳
定且紧贴地面。

– 训练步骤 –

1　身体呈仰卧姿势，双腿屈髋、屈膝上
　抬，将右脚置于左腿膝关节处，双手抱
　住左腿小腿（右手从右腿下方穿过）。

2　双手拉动左腿使其靠近躯干，直至左
　侧梨状肌有中等强度的拉伸感。保持
　20~30 秒后，换另一侧进行该动作。

静态拉伸梨状肌训练（跪坐姿势）

1

2

- **训练目的** -

促进恢复梨状肌的弹性
及初始肌肉长度。

- **注意事项** -

拉伸过程中避免髋部旋
转或倾斜。

- **训练步骤** -

1 身体呈跪坐姿势，左腿屈髋、屈膝置于体前，大
腿和臀部抬离地面，右腿向后自然伸直，双臂伸
直支撑于左腿前方的地面。

2 躯干前倾下压，直至左侧梨状肌有中等强度的拉
伸感。保持 20~30 秒后，换另一侧进行该动作。

静态拉伸大腿前侧训练

髋关节灵活性训练 ▼ 肌肉静态拉伸训练

– 变式动作 –

身体呈单腿跪姿，右腿屈膝向前，左腿屈膝跪地，同时双手向后抓住左脚。

保持身体稳定，双手将左脚拉向臀部，直至左腿股四头肌有中等程度的拉伸感。保持20~30秒后，换另一侧进行该动作。

– 训练目的 –

促进恢复大腿前侧肌群的弹性及初始肌肉长度。

– 注意事项 –

拉伸过程中保持躯干挺直，上举手臂伸直，身体稳定。

– 训练步骤 –

1 身体呈站姿，右腿单腿支撑，左腿向后屈膝，左手握住左脚，右臂向上伸直举过头顶。

2 保持身体稳定，左手将左脚拉向臀部，直至左腿股四头肌有中等程度的拉伸感。保持20~30秒后，换另一侧进行该动作。

静态拉伸大腿后侧训练

1

2

－ 其他角度 －

－ 训练目的 －

促进恢复大腿后侧肌群的弹性及初始肌肉长度。

－ 注意事项 －

拉伸过程中保持躯干挺直，拉伸腿伸直。

－ 训练步骤 －

1 身体呈坐姿，左腿伸直，右腿屈曲，右脚置于左腿内侧。

2 躯干慢慢前倾，双手沿左腿向前移动，直至左腿腘绳肌有中等强度的拉伸感。保持 20~30 秒后，换另一侧进行该动作。

静态拉伸大腿内侧训练

1

2

– 训练目的 –

促进恢复大腿内侧肌群的弹性及初始肌肉长度。

– 注意事项 –

拉伸过程中保持躯干挺直，拉伸腿伸直。

– 训练步骤 –

1 身体呈单腿跪姿，左腿向左打开并屈膝跪地，右腿向右伸直，右脚内侧着地。

2 双手扶于右腿之上，躯干向右侧下压，直至右腿大腿内侧肌群有中等强度的拉伸感。保持 20~30 秒后，换另一侧进行该动作。

静态拉伸大腿外侧训练

1

2

- 训练目的 -

促进恢复大腿外侧肌群
的弹性及初始肌肉长度。

- 注意事项 -

拉伸过程中保持躯干挺
直，身体稳定，拉伸腿
伸直。

- 训练步骤 -

1 身体呈双腿交叉的站立姿势，右腿在前，左腿在
后，双臂自然置于身体两侧。

2 向左顶髋，然后右腿微屈，躯干向右侧前倾下压，
双手扶于左脚，直至左腿大腿外侧肌群有中等强
度的拉伸感。保持 20~30 秒后，换另一侧进行
该动作。

弹力带辅助肌肉拉伸训练

弹力带拉伸大腿前侧训练

髋关节灵活性训练 ▼ 弹力带辅助肌肉拉伸训练

— 其他角度 —

— 训练目的 —

促进恢复大腿前侧肌群的弹性及初始肌肉长度。

— 注意事项 —

拉伸过程中保持身体稳定，双手拉紧弹力带。

— 训练步骤 —

1. 身体呈俯卧姿势，右腿伸直，左腿向上屈膝，将弹力带的一端缠绕在左脚上，双手于头顶上方拉住弹力带的另一端，使弹力带具有一定张力。

2. 双手向前拉动弹力带，从而将左腿向前、向上拉，直至左腿股四头肌有中等程度的拉伸感。保持 20~30 秒后，换另一侧进行该动作。

弹力带拉伸大腿后侧训练

– 其他角度 –

– 训练目的 –

促进恢复大腿后侧肌群
的弹性及初始肌肉长度。

– 注意事项 –

拉伸过程中保持双腿伸
直，髋部紧贴地面，双
手拉紧弹力带。

– 训练步骤 –

1 身体呈仰卧姿势，左腿伸直，右腿屈髋竖直向上
伸直，将弹力带的一端缠绕在右脚上，双手于胸
前拉住弹力带的另一端,使弹力带具有一定张力。

2 双手拉动弹力带，将右腿继续向前拉，直至右腿
腘绳肌有中等程度的拉伸感。保持20~30秒后，
换另一侧进行该动作。

弹力带拉伸大腿内侧训练

1

2

— 其他角度 —

— 训练目的 —

促进恢复大腿内侧肌群的弹性及初始肌肉长度。

— 注意事项 —

拉伸过程中保持双腿伸直，髋部紧贴地面，双手拉紧弹力带。

— 训练步骤 —

1 身体呈仰卧姿势，左腿伸直，右腿屈髋向右伸直打开，将弹力带的一端缠绕在右脚上，双手拉住弹力带的另一端，使弹力带具有一定张力。

2 双手拉动弹力带，将右腿继续向躯干拉，直至右腿内侧肌群有中等程度的拉伸感。保持 20~30 秒后，换另一侧进行该动作。

弹力带拉伸大腿外侧训练

1

2

— 其他角度 —

— 训练目的 —

促进恢复大腿外侧肌群的弹性及初始肌肉长度。

— 注意事项 —

拉伸过程中保持双腿伸直，躯干紧贴地面，双手拉紧弹力带。

— 训练步骤 —

1 身体呈仰卧姿势，右腿伸直，左腿屈髋竖直向上伸直，将弹力带的一端缠绕在左脚上，双手于胸前拉住弹力带的另一端，使弹力带具有一定张力。

2 双手拉动弹力带，将左腿向右拉，直至左腿外侧肌群有中等程度的拉伸感。保持 20~30 秒后，换另一侧进行该动作。

弹力带拉伸髂腰肌训练

1

2

髋关节灵活性训练 ▼ 弹力带辅助肌肉拉伸训练

– 训练目的 –

促进恢复髂腰肌的弹性及初始肌肉长度。

– 注意事项 –

拉伸过程中保持躯干挺直，上举手臂伸直，双腿膝关节朝向正前方，避免髋部旋转或倾斜。

– 训练步骤 –

1 身体呈单腿跪姿，左腿在前，右腿在后，右臂伸直举过头顶，左手扶于腰部。将弹力带的一端固定在身体右侧约与髋关节同高处（或由辅助者握住），另一端绕过右腿大腿根部，使弹力带具有一定张力。

2 保持躯干挺直，身体重心前移并下压，同时右臂进一步向上伸展，直至右侧髂腰肌有中等强度的拉伸感。保持20~30秒后，换另一侧进行该动作。

弹力带拉伸梨状肌训练

－ 其他角度 －

- 训练目的 -

促进恢复梨状肌的弹性及初始肌肉长度。

- 注意事项 -

拉伸过程中避免髋部旋转或倾斜。

- 训练步骤 -

1. 身体呈跪坐姿势，左腿屈髋、屈膝置于体前，大腿和臀部抬离地面，右腿向后自然伸直，双臂伸直支撑于左腿前方的地面。将弹力带的一端固定在身体左侧约与髋关节同高处（或由辅助者握住），另一端绕过左腿大腿根部，使弹力带具有一定张力。

2. 躯干前倾下压，直至左侧梨状肌有中等强度的拉伸感。保持 20~30 秒后，换另一侧进行该动作。

动态灵活性训练

单腿主动下落训练

- 训练目的 -

增强髋关节的动态灵活性。

- 注意事项 -

动作过程中保持躯干及髋部稳定且紧贴地面，双腿伸直。

- 训练步骤 -

1. 身体呈仰卧姿势，双腿伸直并屈髋上抬，将弹力带的一端缠绕在左脚上，双手握住弹力带的另一端，使弹力带具有一定张力。

2. 保持躯干和左腿姿势不变，右腿主动下落至地面。恢复至起始姿势，重复规定次数后，换另一侧进行该动作。

弹力带牵拉直腿上抬训练

1

2

3

－ 训练目的 －

增强髋关节的动态灵活性。

－ 注意事项 －

动作过程中保持躯干及
髋部稳定且紧贴地面，
双腿与双臂伸直。

－ 训练步骤 －

1 身体呈仰卧姿势，将弹力带的中段固定在头顶上
方高处，双臂伸直上举过头顶且用双手握住弹力
带的两端，保持弹力带具有一定张力。

2 保持躯干和下肢姿势不变，双臂伸直下拉弹力带
至接触地面。

3 保持上身和右腿姿势不变，左腿伸直上抬至约垂
直于地面。恢复至起始姿势，重复规定次数后，
换另一侧进行该动作。

仰卧动态屈髋训练

1

2

3

- 训练目的 -

增强髋关节的动态灵活性。

- 注意事项 -

动作过程中保持头部、肩部及双臂稳定且紧贴地面。

- 训练步骤 -

1 身体呈仰卧姿势，双臂伸直平放于身体两侧，左腿屈膝，右腿伸直且紧贴地面。

2 保持躯干和左腿姿势不变，右腿与髋部微微上抬。

3 右腿保持伸直且快速向头部上抬至最大限度，同时快速顶髋至躯干与左腿呈一条直线。缓慢恢复右腿与髋部微微抬离地面的姿势，重复规定次数后，换另一侧进行该动作。

俯卧动态伸髋训练

1

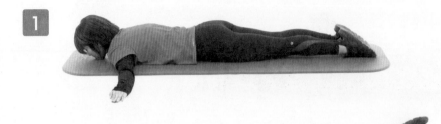

2

3

－ 训练目的 －

增强髋关节的动态灵活性。

－ 注意事项 －

动作过程中保持头部、躯干及双臂稳定且紧贴地面。

－ 训练步骤 －

1 身体呈俯卧姿势，双腿伸直并拢，双臂侧平举。

2 保持上身稳定，左腿主动上抬至最大限度，腹部离开地面。

3 左腿慢慢放下至微微离开地面，腹部接触地面。左腿重复上抬规定次数后，恢复至起始姿势，换另一侧进行该动作。

仰卧动态髋关节内收和外展训练

– 训练目的 –

增强髋关节的动态灵活性。

– 注意事项 –

动作过程中保持双腿伸直。

– 训练步骤 –

1 身体呈仰卧姿势，双臂侧平举，双腿伸直并拢。

2 保持躯干和左腿姿势不变，右腿主动上抬至垂直于地面（屈髋 90 度），保持 1~2 秒。

3 保持头部、肩部及双臂稳定且紧贴地面，右腿保持屈髋 90 度并向左侧旋转至右脚触地，保持 1~2 秒。

4 保持头部、肩部及双臂稳定且紧贴地面，右腿保持屈髋 90 度并向右侧旋转至右脚触地，保持 1~2 秒。右腿重复向两侧旋转规定次数后，恢复至起始姿势，换另一侧进行该动作。

俯卧动态髋关节内旋和外旋训练

– 训练目的 –

增强髋关节的动态灵活性。

– 注意事项 –

动作过程中保持头部、肩部及双臂稳定，避免过度用力。

– 训练步骤 –

1 身体呈俯卧姿势，双臂侧平举，双腿伸直并拢。

2 保持左腿伸直固定，右腿屈膝并向左侧转动至右脚触地，保持 1~2 秒。

3 右腿向右旋转，恢复至起始姿势。

4 保持右腿伸直固定，左腿屈膝并向右侧转动至左脚触地，保持 1~2 秒。恢复至起始姿势，重复规定次数。

3.2.4 髋关节铰链动作模式训练

髋关节铰链动作模式是重要的基础动作模式，让人体能够充分使用臀肌发力，保持腰椎区域的稳定，避免腰椎因被动屈曲产生损伤。髋关节铰链动作模式需要髋关节在矢状面上具备良好的灵活性以及在额状面上具备良好的稳定性，是硬拉动作和深蹲动作的基础。

由于髋关节在矢状面上的灵活性不足、身体姿态不良或动作习惯错误，许多人在完成降低重心的动作时容易出现和形成腰椎屈曲的错误动作模式。在恢复了髋关节的共轴性和灵活性后，训练者就可以通过专门的练习来改善髋关节铰链动作模式的质量，学会利用臀肌和股后肌群来稳定和控制髋关节，在矢状面上进行高质量的屈伸动作，从而维持腰椎区域的稳定性，减轻腰椎椎间盘和周围软组织的压力。

在进行髋关节铰链动作模式训练时，应该遵循循序渐进的原则：首先进行仰卧姿势的髋关节铰链动作模式练习（从静态的仰卧挺髋练习开始，达到质量要求后进行动态的练习，然后利用弹力带稍微增加负荷，强化动作模式）；然后进行跪姿的髋关节铰链动作模式练习（相比站姿训练，跪姿训练的力臂更短，更容易控制动作质量）；最后进行站姿的髋关节铰链动作模式练习，学会在真正的日常功能姿态下进行髋关节铰链动作。

在进行髋关节铰链动作模式训练时，应格外强调以动作质量为核心和进阶原则。此外，训练者需在确认自己已经具备足够的局部灵活性和稳定性的基础上进行动作模式训练。一旦训练者在训练过程中出现了髋关节灵活性或稳定性不足的问题，应立即停止当前的训练，并且在解决局部问题后再重新进行动作模式训练。

改善髋关节铰链动作模式的方法顺序

仰卧姿势训练　▶　跪姿训练　▶　站姿训练

迷你带蚌式训练

1

2

— 训练目的 —

发展髋关节铰链动作模式。

— 注意事项 —

动作过程中避免髋部翻转，有控制地完成动作。

— 训练步骤 —

1 身体呈右侧卧姿势，右臂屈肘支撑，左手叉腰，抬起上身，双腿屈曲并拢叠放，右腿完全贴地。将迷你带套在双腿大腿上靠近膝关节的位置。

2 保持双脚并拢，右腿完全贴地，左腿外旋，使膝关节向上打开。恢复至起始姿势，重复规定次数后，换另一侧进行该动作。

仰卧挺髋训练

1

2

- 训练目的 -

发展髋关节铰链动作模式。

- 注意事项 -

动作过程中保持身体稳定，避免双腿向外打开。

- 训练步骤 -

1 身体呈仰卧姿势，双腿屈膝，双脚着地，双手放在身体两侧，自然摆放。

2 核心收紧，髋部向上顶起至躯干与大腿呈一条直线，并在肌肉收紧至最大限度时保持 1~2 秒。有控制地放下髋部至即将接触地面，重复规定次数。

单腿仰卧挺髋训练

1

2

- 训练目的 -

发展髋关节铰链动作模式。

- 注意事项 -

动作过程中保持身体稳定，避免头部及上背部离开地面。

- 训练步骤 -

1 身体呈仰卧姿势，右腿屈膝，右脚着地，左腿向前屈膝，双手抱住左膝下方，臀部微微抬离地面。

2 核心收紧，髋部向上顶起至躯干与右腿大腿呈一条直线，并在肌肉收紧至最大限度时保持 1~2秒。有控制地放下髋部至即将接触地面，重复规定次数后，换另一侧进行该动作。

跪姿髋关节铰链训练

1

2

髋关节铰链动作模式训练

- **训练目的** -

发展髋关节铰链动作模式。

- **注意事项** -

动作过程中保持小腿及脚背紧贴地面，躯干挺直。

- **训练步骤** -

1 身体呈跪坐姿势，躯干挺直，双手叉腰。

2 核心收紧，髋部向上、向前顶起至头部、躯干与大腿呈一条直线，保持 1~2 秒。恢复至起始姿势，重复规定次数。

站姿臀部触墙训练

1

2

－ 训练目的 －

发展髋关节铰链动作模式。

－ 注意事项 －

动作过程中尽量保持双腿小腿垂直于地面，避免膝关节过度向前移动。

－ 训练步骤 －

1 身体背对墙壁呈站姿，距离墙壁 20~30 厘米，双手叉腰，双脚分开与髋同宽。

2 尽量保持双腿小腿垂直于地面，臀部发力做髋部后顶动作至接触墙壁，同时双膝微屈，躯干前倾，重心降低，保持 1~2 秒。恢复至起始姿势，重复规定次数。

站姿抬臂髋关节铰链训练

髋关节铰链动作模式训练

－ 训练目的 －

发展髋关节铰链动作模式。

－ 注意事项 －

动作过程中尽量保持双腿小腿垂直于地面，避免膝关节过度向前移动。

－ 训练步骤 －

1. 身体呈站姿，双脚分开与髋同宽，双手自然置于身体两侧。

2. 尽量保持双腿小腿垂直于地面，臀部发力做髋部后顶动作，同时双膝微屈，躯干前倾，双臂伸直上举至头部两侧且与躯干呈一条直线，保持 1~2 秒。恢复至起始姿势，重复规定次数。

髋关节铰链单腿动作模式训练

1　**2**

- 训练目的 -

发展髋关节铰链动作模式。

- 注意事项 -

动作过程中尽量保持支撑腿小腿垂直于地面，避免支撑腿膝关节过度向前移动。

- 训练步骤 -

1　身体呈站姿，双手叉腰，双脚分开与髋同宽。

2　向前屈髋俯身，同时右腿微屈支撑身体，左腿向后伸直上抬至约与地面平行，保持 1~2 秒。恢复至起始姿势，重复规定次数后，换另一侧进行该动作。

3.2.5 核心稳定性训练

人体绝大多数的动作都不是依靠单一肌群就能完成的，通常是由全身多个环节、多块肌肉以运动链的形式共同参与，在大脑的集成控制下形成的完整动作模式。核心区域是运动链上的重要环节。人体在运动中需不断调整核心肌肉的张力，以保持脊柱的稳定，维持正确的身体姿态，并使运动链一端形成的力量向另一端进行动态传递。可以说，在整个运动过程中，坚实、稳固的核心区域不仅能够减少能量损失和提升运动链效率，还可以有效防止腰椎区域产生损伤。

核心稳定性训练旨在对脊柱周围的深层稳定肌进行强化，以使核心部位在运动中保持刚性，从而为四肢的运动提供有效支撑且尽量减少力量传递中的能量损失。核心稳定性训练应主要从抗屈曲、抗伸展、抗侧屈和抗旋转四个方面进行：抗屈曲训练旨在对核心后侧的稳定肌进行强化，以避免身体在运动中过度屈曲；抗伸展训练旨在对核心前侧的稳定肌进行强化，以避免身体在运动中过度伸展；抗侧屈训练旨在对核心侧面的稳定肌进行强化，以避免身体在运动中过度向对侧屈曲；抗旋转训练旨在对控制核心旋转的稳定肌进行强化，以避免身体在运动中过度向对侧旋转。

进行核心稳定性训练时并不需要使用太大的负重，利用自身体重或者较轻的负重即可。此外，训练者应从静态稳定性训练开始，逐渐过渡到动态稳定性训练。进行动态稳定性训练时，应缓慢、有控制地完成动作，注重等长控制和离心收缩过程，并且始终保持核心的稳定。

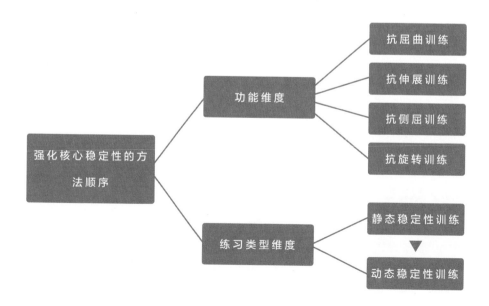

无器械静态训练

静态平板支撑训练

- 训练目的 -

激活并强化核心肌群，
增强核心稳定性。

- 注意事项 -

动作过程中保持核心收
紧，避免塌腰、耸肩。

- 训练步骤 -

身体呈俯撑姿势，双臂于肩关节正下方屈肘，前臂和
双脚脚尖支撑，从头部到脚踝呈一条直线。保持身体
稳定至规定时间。

静态侧向平板支撑训练

1

2

– 训练目的 –

激活并强化躯干侧向肌群，增强核心稳定性。

– 注意事项 –

动作过程中保持身体稳定，避免腰部下沉。

– 训练步骤 –

1 身体呈右侧卧姿势，左手扶腰，右臂于肩关节正下方屈肘支撑，躯干抬起，双腿并拢叠放，右腿完全贴地。

2 保持背部挺直，核心收紧，髋部向上顶起至从头部到脚踝呈一条直线，右脚侧面支撑。保持身体稳定至规定时间后，换另一侧进行该动作。

静态仰卧挺髋训练

- 训练目的 -

激活并强化躯干后侧肌群，增强核心稳定性。

- 注意事项 -

动作过程中避免双腿向外打开。

- 训练步骤 -

身体呈仰卧姿势，双腿屈膝，脚尖勾起，脚跟着地，双手放在身体两侧，自然摆放。核心收紧，髋部向上顶起至躯干与大腿呈一条直线。保持身体稳定至规定时间。

静态自身对抗训练

– 变式动作 –

通过两侧上下肢同时分别进行对侧静态对抗和伸展，增大动作控制与肌群协调配合的难度。

– 训练目的 –

激活并强化核心肌群，增强核心稳定性。

– 注意事项 –

动作过程中保持身体稳定，避免头部用力伸够。

– 训练步骤 –

身体呈仰卧姿势，双腿屈髋、屈膝 90 度向上抬起，头部和肩部向上抬起，双臂伸直前伸，双手握住双膝，保持核心收紧。双臂发力向后推动双膝，使双腿具有向后运动的趋势，同时双腿发力对抗双臂呈向前运动的趋势，使双腿姿势保持不变。保持双臂与双腿静态对抗姿势至规定时间。

静态俯卧超人训练

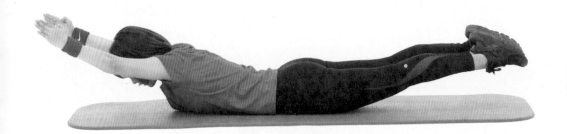

- 训练目的 -

激活并强化背部肌群，
增强核心稳定性。

- 注意事项 -

动作过程中双臂和双腿
尽量向远方伸展。

- 训练步骤 -

身体呈俯卧姿势，双臂于头部两侧向前伸直。保持躯
干和髋部紧贴地面，头部、肩部、双臂和双腿向上抬
起。保持身体稳定至规定时间。

无器械动态训练

动态平板支撑训练

- 训练目的 -

激活并强化核心肌群，
增强核心稳定性。

- 注意事项 -

动作过程中保持背部平
直，避免塌腰、耸肩。

- 训练步骤 -

1 身体呈俯撑姿势，双臂于肩关节正下方
屈肘，双脚并拢，前臂和双脚脚尖支撑，
从头部到脚踝呈一条直线。

2 核心收紧，左脚向左移动一步，保持
1~2秒。

3 核心收紧，右脚向右移动一步，保持
1~2秒。然后倒序完成上述动作，恢复
至起始姿势。重复规定次数。

动态侧向平板支撑训练

1

2

- 训练目的 -

激活并强化躯干侧向肌群，增强核心稳定性。

- 注意事项 -

动作过程中保持从头部到脚踝在同一平面内，避免髋部触地。

- 训练步骤 -

1 身体呈右侧卧姿势，左手扶腰，右臂于肩关节正下方屈肘支撑，双腿伸直并拢叠放，髋部向上顶起至最大限度，保持 1~2 秒。

2 保持背部挺直，核心收紧，髋部有控制地下落至即将触地，保持 1~2 秒。恢复至起始姿势，重复规定次数后，换另一侧进行该动作。

动态仰卧肢体伸展训练

– 训练目的 –

强化核心稳定性，提升对侧肌肉链协同工作的能力。

– 注意事项 –

动作过程中保持身体稳定，双臂伸直，双腿不触地。

– 训练步骤 –

1 身体呈仰卧姿势，双臂于头部两侧向后伸直，双腿伸直且微微抬离地面。

2 保持左臂和右腿姿势不变，右臂向前伸直划动至体侧，同时左腿屈髋、屈膝90度向上抬起，保持1~2秒。

3 右臂向后伸直过头顶，左腿伸直。恢复至起始姿势。

4 保持右臂和左腿姿势不变，左臂向前伸直划动至体侧，右腿屈髋、屈膝90度向上抬起，保持1~2秒。两侧交替，重复规定次数。

动态俯卧肢体伸展训练

1

2

- 训练目的 -

激活并强化背部肌群，
增强核心稳定性。

- 注意事项 -

动作过程中双臂和双腿
尽量向远方伸展。

- 训练步骤 -

1 身体呈俯卧姿势，躯干和髋部紧贴地面，双臂于头部两侧向前伸直，双腿并拢伸直且微微向上抬起。

2 保持左臂和右腿姿势不变，右臂和左腿同时伸直上抬至最大限度，保持 1~2 秒。恢复至起始姿势，重复规定次数后，换另一侧进行该动作。

动态四点支撑肢体伸展训练

－ 训练目的 －

强化核心稳定性，提升对侧肌肉链协同工作的能力。

－ 注意事项 －

动作过程中保持背部挺直、身体稳定，避免髋部旋转。

－ 训练步骤 －

1　身体呈俯撑跪姿，双臂于肩关节正下方伸直，双膝于髋关节正下方跪地。

2　保持左臂和右腿姿势不变，左腿向前屈髋，同时右手向后触摸左膝，保持1~2秒。

3　继续保持左臂和右腿姿势不变，左腿向后伸直至与地面平行，同时右臂向前伸直至与地面平行，保持1~2秒。重复触摸、上抬过程规定次数后，换另一侧进行该动作。

核心稳定性训练▼无器械动态训练

弹力带静态训练

弹力带静态跪姿抗屈曲训练

- 训练目的 -

强化躯干伸展肌群，增强核心抗屈曲能力。

- 注意事项 -

动作过程中保持身体朝向正前方，避免躯干前倾。

- 训练步骤 -

身体呈跪姿（可在膝关节下方放置一个平衡垫），头部、躯干和大腿呈一条直线，双手叉腰。将弹力带的一端固定在身体正前方约与胸部同高处（或由辅助者握住），另一端从背部（位置在胸部下方）绕过，使弹力带具有一定张力。身体与弹力带向前的阻力静态对抗，保持身体稳定至规定时间。

弹力带静态跪姿抗伸展训练

- **训练目的** -

强化躯干屈曲肌群，增强抗伸展能力。

- **注意事项** -

动作过程中保持身体朝向正前方，避免躯干后仰。

- **训练步骤** -

身体呈跪姿（可在膝关节下方放置一个平衡垫），头部、躯干和大腿呈一条直线，双手叉腰。将弹力带的一端固定在身体正后方约与胸部同高处（或由辅助者握住），另一端从胸部下方绕过，使弹力带具有一定张力。身体与弹力带向后的阻力静态对抗，保持身体稳定至规定时间。

弹力带静态跪姿抗侧屈训练

－ 训练目的 －

强化躯干侧向肌群，增强抗侧屈能力。

－ 注意事项 －

动作过程中保持身体朝向正前方，避免躯干侧倾。

－ 训练步骤 －

身体呈跪姿（可在膝关节下方放置一个平衡垫），头部、躯干和大腿呈一条直线，双手叉腰。将弹力带的一端固定在身体左侧约与胸部同高处（或由辅助者握住），另一端从胸部下方绕过，使弹力带具有一定张力。身体与弹力带向左的阻力静态对抗，保持身体稳定至规定时间。然后，换另一侧进行该动作。

弹力带静态跪姿抗旋转训练

－ 训练目的 －

强化核心肌群，增强抗旋转能力。

－ 注意事项 －

动作过程中保持身体朝向正前方，避免躯干旋转。

－ 训练步骤 －

身体呈跪姿（可在膝关节下方放置一个平衡垫），头部、躯干和大腿呈一条直线，双手叉腰。将弹力带的一端固定在身体正后方约与胸部同高处（或由辅助者握住），另一端套在右肩处（从右肩上方和下方斜向穿过，经体前绕至左侧腋下和腰部），使弹力带具有一定张力。身体与弹力带向左侧的旋转阻力静态对抗，保持身体稳定至规定时间。然后，换另一侧进行该动作。

弹力带动态训练

弹力带动态单腿跪姿对角线斜上拉训练

- 训练目的 -

强化核心肌群，增强核心稳定性。

- 注意事项 -

动作过程中保持脊柱处于中立位，双臂伸直，下肢朝向正前方。

- 训练步骤 -

1 身体呈单腿跪姿（可在膝关节下方放置一个平衡垫），左腿屈髋、屈膝 90 度在前，右腿屈膝 90 度在后且大腿与头部和躯干呈一条直线。将弹力带的一端固定在身体右侧低处（或由辅助者握住），双臂伸直并用双手于髋部正前方握住弹力带的另一端，使弹力带具有一定张力。

2 保持下肢稳定，双臂及躯干向右侧扭转。

3 保持下肢稳定，躯干向左侧扭转，同时双手沿对角线向左上方拉弹力带,直至双手位置超过头顶，保持 1~2 秒。双手重复斜上拉弹力带至规定次数后，换另一侧进行该动作。

弹力带动态单腿跪姿对角线斜下拉训练

– 训练目的 –

强化核心肌群，增强核心稳定性。

– 注意事项 –

动作过程中保持脊柱处于中立位，双臂伸直，下肢朝向正前方。

– 训练步骤 –

1 身体呈单腿跪姿（可在膝关节下方放置一个平衡垫），左腿屈髋、屈膝 90 度在前，右腿屈膝 90 度在后且大腿与头部和躯干呈一条直线。将弹力带的一端固定在身体左侧高处（或由辅助者握住），双臂伸直并用双手于髋部正前方握住弹力带的另一端，使弹力带具有一定张力。

2 保持下肢稳定，双臂及躯干向左侧扭转，同时双手沿对角线向左上方拉弹力带，直至双手位置超过头顶，保持 1~2 秒。

3 保持下肢稳定，躯干向右侧扭转，同时双手沿对角线向右下方拉弹力带，直至双手位于髋部右侧，保持 1~2 秒。双手重复斜下拉弹力带至规定次数后，换另一侧进行该动作。

3.2.6 核心力量训练

核心力量训练与核心稳定性训练的目的并不相同——核心稳定性训练的目的是强化核心区域的深层稳定肌的功能，而核心力量训练的目的是在具备一定核心稳定性的基础上进一步强化核心区域的表层运动肌的功能。核心稳定性训练的方式主要是维持脊柱的稳定控制和保持良好的身体姿态，以等长收缩的练习为主，例如平板支撑；而核心力量训练的方式主要是通过核心肌肉的主动收缩产生力量，并在人体运动链的力量传导过程中进一步提高发力的效率，例如侧抛实心球。

需要注意的是，核心力量训练一定是建立在具备良好的核心稳定性之上的，或者说具备良好的核心稳定性是进行核心力量训练的前提和基础。在进行核心力量训练时，核心区域的深层稳定肌应该首先被激活，以对脊柱形成稳定的保护，因此在进行核心力量训练的同时，核心稳定性会得到进一步锻炼。

此外，根据训练目的的不同，同一个动作练习是可以被应用到不同的训练板块中的。例如就仰卧挺髋训练而言，当髋关节铰链动作模式质量很差时，训练者进行仰卧挺髋训练有助于提高动作模式质量，此时这个动作练习属于动作模式训练板块；当动作模式达到要求时，训练者进行 60 秒的静态仰卧挺髋训练可以激活深层的腰椎稳定肌和提高骨盆的稳定控制，此时这个动作练习属于核心稳定性训练；当具备足够的核心稳定性后，训练者进行负重仰卧挺髋训练可以进一步提高髋关节伸展的能力，此时这个动作练习属于核心力量训练。因此，在功能训练的范畴里，判断某个动作练习属于哪一个训练版块时，重点取决于训练的目的，而不是练习形式。

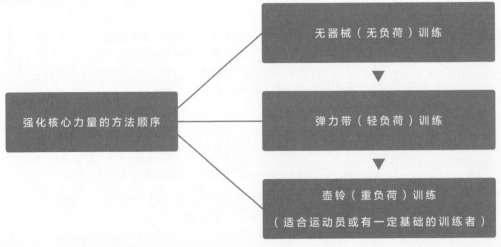

强化核心力量的方法顺序

无器械（无负荷）训练

弹力带（轻负荷）训练

壶铃（重负荷）训练
（适合运动员或有一定基础的训练者）

仰卧卷腹训练

1

2

3

- 训练目的 -

强化腹部肌群，增强核心力量。

- 注意事项 -

动作过程中保持核心收紧，避免头部、颈部和手臂发力。

- 训练步骤 -

1 身体呈仰卧姿势，双膝屈曲且分开至与髋同宽，双脚完全触地，双手交叉放于胸前。

2 保持双脚及臀部紧贴地面，腹部发力带动躯干向上卷起，直至上背部完全离开地面，保持 1~2 秒。

3 躯干有控制地下放至肩部接触地面。重复向上卷起躯干至规定次数。

对角线仰卧卷腹训练

- 训练目的 -

强化腹部肌群，增强核心力量与稳定性。

- 注意事项 -

动作过程中保持核心收紧，避免头部、颈部和手臂发力。

- 训练步骤 -

1. 身体呈仰卧姿势，双腿伸直并拢且微微抬离地面，双手抱头，肩部微微抬离地面。

2. 右腿保持伸直，左腿屈髋、屈膝向头部运动，同时肩部向左侧转动，使右肘与左膝相碰，保持1~2秒。

3. 左腿伸直，同时肩部向右侧转动，恢复至起始姿势。

4. 左腿保持伸直，右腿屈髋、屈膝向头部运动，同时肩部向右侧转动，使左肘与右膝相碰，保持1~2秒。恢复至起始姿势，重复规定次数。

仰卧举腿训练

1

2

- 训练目的 -

强化腹部肌群，增强核心力量。

- 注意事项 -

动作过程中保持核心收紧，躯干及头部紧贴地面。

- 训练步骤 -

1 身体呈仰卧姿势，双腿伸直并拢且微微抬离地面，双手放于胸前。

2 保持上身姿势不变，双腿主动上抬至约与地面呈 45 度，保持 1~2 秒。恢复至起始姿势，重复规定次数。

仰卧蹬车训练

1

2

3

- 训练目的 -

强化腹部肌群，增强核心力量。

- 注意事项 -

动作过程中保持核心收紧，上身紧贴地面。

- 训练步骤 -

1 身体呈仰卧姿势，双腿伸直并拢且微微抬离地面，双手置于头部下方。

2 保持上身与右腿姿势不变，左腿向头部运动至屈髋、屈膝约 90 度，保持 1~2 秒。

3 保持上身姿势不变，左腿伸直，同时右腿向头部运动至屈髋、屈膝约 90 度，保持 1~2 秒。左右交替重复规定次数或时间。

仰卧举腿双向摆动训练

1

2

3

4

－ 训练目的 －

强化腹部肌群，增强核心力量。

－ 注意事项 －

动作过程中保持核心收紧，双腿伸直。

－ 训练步骤 －

1 身体呈仰卧姿势，双臂侧平举，双腿伸直并拢。

2 保持上身姿势不变，双腿主动上抬至约与地面垂直，保持 1~2 秒。

3 保持头部、肩部及双臂稳定且紧贴地面，双腿向左侧旋转至一定幅度，保持 1~2 秒。

4 保持头部、肩部及双臂稳定且紧贴地面，双腿向右侧旋转至一定幅度，保持 1~2 秒。双腿重复向两侧旋转规定次数。

上固定俯卧背肌伸展训练

1

2

3

- 训练目的 -

强化下背部肌群，增强核心力量。

- 注意事项 -

动作过程中保持核心收紧，双腿伸直。

- 训练步骤 -

1 身体呈俯卧姿势，双腿伸直并拢，双臂侧平举。

2 保持躯干与髋部紧贴地面，双腿上抬至下背部和臀部肌肉收紧，保持 1~2 秒。

3 双腿慢慢放下至即将接触地面。双腿重复上抬规定次数。

下固定俯卧背肌伸展训练

1

2

3

- **训练目的** -

强化腹部肌群，增强核心力量。

- **注意事项** -

动作过程中保持核心收紧，避免头部、颈部及手臂发力。

- **训练步骤** -

1 身体呈俯卧姿势，双腿伸直并拢，双手抱头，肩部微微抬离地面。

2
3 保持髋部及下肢紧贴地面，上背部上抬至下背部和臀部肌肉收紧，保持 1~2 秒。恢复至起始姿势，重复规定次数。

弹力带训练

弹力带跪姿抗阻挺髋训练

- 训练目的 -

增强核心力量。

- 注意事项 -

动作过程中保持髋部朝
向正前方，躯干挺直。

- 训练步骤 -

1 身体呈跪姿（可在膝关节下方放置一个平衡垫），
头部、躯干和大腿呈一条直线，双手叉腰。将弹
力带的一端固定在身体正后方约与髋部同高处
（或由辅助者握住），另一端从髋部前方绕过，
使弹力带具有一定张力。

2 核心收紧，臀部发力做髋部后顶动作，同时躯干
前倾，重心降低，保持1~2秒。恢复至起始姿势，
重复规定次数。

弹力带跪姿抗阻旋转训练

- 训练目的 -

强化核心力量。

- 注意事项 -

动作过程中保持脊柱处于中立位，髋部朝向正前方，双臂伸直。

- 训练步骤 -

1 身体呈跪姿（可在膝关节下方放置一个平衡垫），头部、躯干和大腿呈一条直线。将弹力带的一端固定在身体左侧约与肩部同高处（或由辅助者握住），上身向左侧扭转，双臂前平举并用双手于胸部正前方握住弹力带的另一端，使弹力带具有一定张力。

2 保持身体稳定，双手向右侧水平拉弹力带，直至最大限度。恢复至起始姿势，重复规定次数后，换另一侧进行该动作。

核心力量训练 ▼ 弹力带训练

弹力带站姿抗阻挺髋训练

1

2

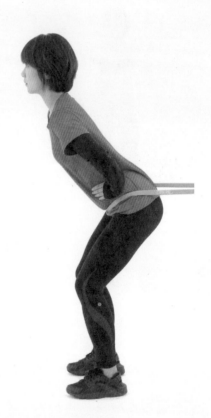

– 训练目的 –

强化核心力量。

– 注意事项 –

动作过程中保持身体朝向正前方，躯干挺直。

– 训练步骤 –

1 双脚分开站立，距离与髋同宽，躯干挺直，双手叉腰。将弹力带的一端固定在身体正后方约与髋部同高处（或由辅助者握住），另一端从髋部前方绕过，使弹力带具有一定张力。

2 臀部发力做髋部后顶动作，同时躯干前倾，重心降低，保持 1~2 秒。恢复至起始姿势，重复规定次数。

弹力带站姿抗阻旋转训练

核心力量训练　▼　弹力带训练

- 训练目的 -

增强核心力量。

- 注意事项 -

动作过程中保持脊柱处于中立位，躯干挺直。

- 训练步骤 -

1 双脚分开站立，距离与肩同宽。将弹力带的一端固定在身体左侧约与肩部同高处（或由辅助者握住），躯干向左侧扭转，双臂前平举并用双手于胸部正前方握住弹力带的另一端，使弹力带具有一定张力。

2 保持身体稳定，躯干向右侧扭转，同时双手向右侧水平拉弹力带至最大限度，保持 1~2 秒。恢复至起始姿势，重复规定次数后，换另一侧进行该动作。

壶铃训练

壶铃大风车训练

- 训练目的 -	- 训练步骤 -
增强核心力量与肩关节稳定性。	1　双脚分开站立，距离大于肩宽，右臂于耳侧向上伸直，右手掌心向前抓握一只壶铃，左臂于体侧伸直。
- 注意事项 -	2　保持右臂始终垂直于地面，躯干前屈并向右侧旋转，同时左臂向下运动至左手触地。恢复至起始姿势，重复规定次数后，换另一侧进行该动作。
动作过程中保持下肢稳定，双臂伸直，双眼看向壶铃。	

跪姿壶铃对角线上举训练

– 训练目的 –

增强核心力量与上肢力量。

– 注意事项 –

动作过程中保持脊柱处于中立位，髋部朝向正前方，双臂伸直。

– 训练步骤 –

1 身体呈跪姿（可在膝关节下方放置一个平衡垫），头部、躯干和大腿呈一条直线，双手掌心相对且于腹部前方抓握一只壶铃。

2 保持下肢稳定，双臂及躯干向右侧扭转。

3 保持下肢稳定，躯干向左侧扭转，同时双手持壶铃沿对角线做斜上举动作，直至双手位置超过头顶，保持 1~2 秒。双手重复斜上举壶铃至规定次数后，换另一侧进行该动作。

单腿跪姿壶铃对角线上举训练

– 训练目的 –

增强核心力量与上肢力量。

– 注意事项 –

动作过程中保持脊柱处于中立位，髋部朝向正前方，双臂伸直。

– 训练步骤 –

1 身体呈单腿跪姿（可在膝关节下方放置一个平衡垫），左腿屈髋、屈膝 90 度在前，右腿屈膝 90 度在后且大腿与头部和躯干呈一条直线，双手掌心相对且于右腿前方抓握一只壶铃。

2 保持下肢稳定，双臂及躯干向右侧扭转。

3 保持下肢稳定，躯干向左侧扭转，同时双手持壶铃沿对角线做斜上举动作，直至双手位置超过头顶，保持 1~2 秒。双手重复斜上举壶铃至规定次数后，换另一侧进行该动作。

半土耳其举训练

1

2

－ 训练目的 －

增强核心力量与肩关节稳定性。

－ 注意事项 －

动作过程中保持双眼看向壶铃，举壶铃侧手臂伸直，同时注意发力顺序。

－ 训练步骤 －

1 身体呈仰卧姿势，左腿伸直，右腿屈曲，左臂于体侧伸直，右臂竖直向上伸直，右手掌心向前抓握一只壶铃（底部朝下），双眼看向壶铃。

2 左臂屈肘支撑，同时躯干向上抬起，至右臂、肩关节与左臂上臂呈一条直线，保持 1~2 秒。

- 训练步骤 -

3 左臂完全伸直，左手撑地，同时躯干向上抬起，至双臂与肩关节呈一条直线，保持 1~2 秒。

4 倒序完成上述动作，恢复至起始姿势。重复规定次数后，换另一侧进行该动作。

5

3.2.7 全身力量训练

如前文所述，人体的绝大多数运动是以运动链的方式进行的。核心区域是人体运动链的中间环节，不仅起着维持身体姿势和力量传递的功能，还具备进一步产生力量的功能。不论是日常生活中的各种功能动作，还是竞技体育中的各种复杂技术动作，大多需要人体四肢和核心区域共同参与。因此，对于通过前面的训练步骤恢复和强化的呼吸模式、灵活性、稳定性、动作模式、核心稳定性和核心力量而言，只有在复杂的运动链中得到整合应用，才能真正发挥功能。

全身力量训练旨在以完整的运动链形式进行训练，上肢、下肢和核心区域都会参与其中。训练者需在训练过程中按照循序渐进的原则，逐步增加维持腰椎稳定性的难度，从而逐渐提高相关深层肌肉在承受外在负荷、多次重复和疲劳等复杂情况下维持腰椎稳定的能力。只有这样，腰椎区域的功能才能得到不断强化，同时更好地预防腰部损伤。

全身力量训练是腰部功能强化的最后一个训练步骤，需要将前面获得的多种能力有效地整合起来。在力量训练过程中，训练者依旧应首先关注动作质量，然后通过循序渐进的方式逐步增加负重、重复次数和动作难度。人体的绝大多数功能动作是多平面动作，因此在分别针对三个平面的全身力量进行训练后，还需进行多平面的全身力量训练，才能满足日常生活和竞技体育的需求。此外，在进行全身力量训练的过程中，动作速度应从低速开始，在达到良好的动作质量并形成正确的发力模式后，再逐渐提高动作速度。

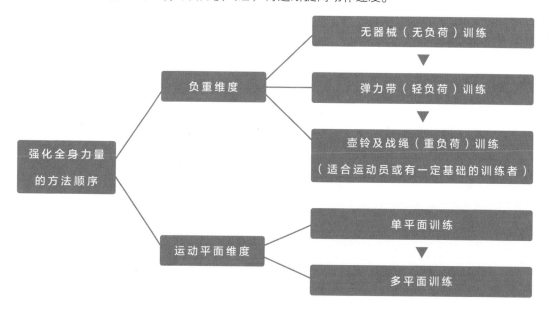

无器械训练

原地主动降低重心训练

- 训练目的 -

发展落地缓冲动作模式，强化全身协调性。

- 注意事项 -

动作过程中保持躯干挺直，双脚位置固定不动，膝关节与脚尖朝向正前方。

- 训练步骤 -

1. 身体呈站姿，双脚分开与肩同宽，双臂伸直向上举过头顶。

2. 迅速屈髋、屈膝下蹲，同时双臂快速下摆至身体后侧，转换为落地缓冲姿势。保持该姿势 1~2 秒后，恢复至起始姿势，重复规定次数。

原地起跳落地缓冲训练

- 训练目的 -

发展落地缓冲动作模式，强化全身协调性。

- 注意事项 -

动作过程中保持躯干挺直，膝关节和脚尖朝向正前方。

- 训练步骤 -

1 身体呈站姿，双脚分开与肩同宽，双臂自然置于身体两侧。

2 迅速屈髋、屈膝下蹲，同时双臂快速伸直后摆至身体后侧。

3 双腿发力向上跳，同时双臂伸直上摆过头顶。

4 双脚落地，屈髋、屈膝下蹲，同时双臂伸直下摆至身体后侧，呈落地缓冲姿势。

5 保持落地缓冲姿势1~2秒后，恢复至起始姿势，重复规定次数。

全身力量训练▼无器械训练

左右滑雪式跳跃训练

1

2

3

－ 训练目的 －

强化下肢及核心力量，发展身体协调性和稳定性。

－ 注意事项 －

动作过程中注意单腿落地时，髋关节、膝关节、踝关节朝向正前方。

－ 训练步骤 －

1 双脚并拢站立，双臂自然置于体侧，目视前方。

2 左脚向左横跨一步，接着屈髋、屈膝缓冲落地，同时身体前倾，右腿屈膝向后摆动，右臂屈肘向前摆动，左臂伸直向后摆动，保持 1~2 秒。

3 右脚向右横跨一步，接着屈髋、屈膝缓冲落地，同时身体前倾，左腿屈膝向后摆动，左臂屈肘向前摆动，右臂伸直向后摆动，保持 1~2 秒。左右交替重复规定次数。

俯撑登山训练

1

2

3

- 训练目的 -

强化核心力量、肩关节
稳定性及全身协调性。

- 注意事项 -

动作过程中保持躯干
稳定，支撑腿伸直。

- 训练步骤 -

1 身体呈俯撑姿势，双腿并拢伸直，双臂
于肩关节正下方伸直，双手和双脚脚尖
撑地，从头部到脚踝呈一条直线。

2 收紧腹部，右腿屈膝上抬至腹部下方。

3 右腿向后蹬直，脚尖撑地，接着左腿屈
膝上抬至腹部下方。左右交替重复规定
次或时间。

俯撑收腹训练

1

2

- 训练目的 -	- 训练步骤 -

- 训练目的 -

强化核心力量、肩关节稳定性及全身协调性。

- 注意事项 -

动作过程中尽量保持躯干稳定。

1 身体呈俯撑姿势，双腿并拢伸直，双臂于肩关节正下方伸直，双手和双脚脚尖撑地，从头部到脚踝呈一条直线。

2 收紧腹部，双腿同时屈膝前跳至腹部下方。恢复至起始姿势，重复规定次数。

正向爬行训练

1

2

3

– 训练目的 –

强化四肢的力量与协调性，提升核心稳定性。

– 注意事项 –

动作过程中保持核心收紧，避免拱背。

– 训练步骤 –

1 身体呈四点支撑姿势，双臂于肩关节正下方伸直，双膝于髋关节正下方屈曲 90 度且离地约 5 厘米，双手与双脚脚尖撑地，头部与躯干呈一条直线。

2 保持躯干挺直，右手与左脚同时向前移动一步。

3 保持躯干挺直，左手与右脚同时向前移动一步。向前爬行至规定的时间或距离。

横向爬行训练

1

2

3

– 训练目的 –

强化四肢的力量与协调性，提升核心稳定性。

– 注意事项 –

动作过程中保持核心收紧，避免拱背。

– 训练步骤 –

1 身体呈四点支撑姿势，双臂于肩关节正下方伸直，双膝于髋关节正下方屈曲 90 度且离地约 5 厘米，双手与双脚脚尖撑地，头部与躯干呈一条直线。

2 保持躯干挺直，右手与右脚同时向右侧移动一步。

3 保持躯干挺直，左手与左脚同时向右侧移动一步。向右侧爬行至规定的时间或距离后，换另一侧进行该动作。

爬行式俯卧撑训练

- 训练目的 -

强化四肢的力量与协调性,提升核心稳定性。

- 注意事项 -

动作过程中保持躯干平直,俯卧撑动作与抬腿动作同步。

- 训练步骤 -

1 身体呈俯撑姿势,双臂于肩关节正下方伸直,双脚分开与肩同宽且脚尖撑地,从头部到脚踝呈一条直线。

2 收紧腹部,屈肘,降低身体至胸部几乎碰到地面,同时右腿屈膝上抬至同侧肘关节后侧。

3 恢复至初始姿势。收紧腹部,屈肘,降低身体至胸部几乎碰到地面,同时左腿屈膝上抬至同侧肘关节后侧。恢复至起始姿势,重复规定次数。

弹力带训练

弹力带整合式上拉训练

- 训练目的 -

提高全身力量，强化上肢、下肢及躯干协同工作的能力。

- 注意事项 -

整个动作过程保持连贯，避免拱背和屈肘。

- 训练步骤 -

1 双脚分开站立，距离与肩同宽。将弹力带的中段固定在身体正前方低处，双腿屈髋、屈膝半蹲，躯干前倾，双臂于体侧向后伸直，双手掌心向下且分别握住弹力带的两端，使弹力带具有一定张力。

2 双脚蹬地发力，身体快速向正上方伸展，同时双臂于头部两侧完全伸直，将弹力带拉至最高点，整个身体呈一条直线。恢复至起始姿势，重复规定次数。

弹力带整合式下拉训练

- 训练目的 -

提高全身力量，强化上肢、下肢及躯干协同工作的能力。

- 注意事项 -

整个动作过程保持连贯，避免拱背和屈肘。

- 训练步骤 -

1. 双脚分开站立，距离与肩同宽。将弹力带的中段固定在身体正前方的高处，双臂向斜上方伸直，双手掌心向前且分别握住弹力带的两端。

2. 屈膝半蹲，同时双臂向身体两侧下拉弹力带。恢复至起始姿势，重复规定次数。

弹力带整合式上推训练

－ 训练目的 －

提高全身力量，强化上肢、下肢及躯干协同工作的能力。

－ 注意事项 －

动作过程中保持躯干挺直，爆发式完成上推动作。

－ 训练步骤 －

1 双脚分开站立，距离与肩同宽。将弹力带的中段固定在身体正后方低处，双臂于身体两侧屈肘，双手掌心向下且于胸部两侧分别握住弹力带的两端，使弹力带具有一定张力。

2 保持躯干挺直，下蹲至大腿约与地面平行。

3 双脚蹬地发力，身体快速向上伸展，同时双臂于头部两侧完全伸直，将弹力带上推至最高点，整个身体呈一条直线。恢复至起始姿势，重复规定次数。

弹力带整合式前推训练

- 训练目的 -

提高全身力量，强化上肢、下肢及躯干协同工作的能力。

- 注意事项 -

动作过程中保持躯干挺直，爆发式完成前推动作。

- 训练步骤 -

1 双脚分开站立，距离与肩同宽。将弹力带的中段固定在身体正后方低处，双臂于身体两侧屈肘，双手掌心相对且于胸部两侧分别握住弹力带的两端，使弹力带具有一定张力。

2 保持躯干挺直，下蹲至大腿与地面约呈45度。

3 双脚蹬地发力，身体快速向正上方伸展，同时双手前推弹力带至双臂前平举。恢复至起始姿势，重复规定次数。

弹力带旋转斜上拉训练

- 训练目的 -

提高全身力量，强化上肢、下肢及躯干协同工作的能力。

- 注意事项 -

斜向上拉弹力带时爆发式完成动作，恢复至起始姿势的动作应缓慢，且动作过程中保持双臂伸直。

- 训练步骤 -

1 双脚分开站立，距离大于肩宽。将弹力带的一端固定在身体左侧低处（或由辅助者握住），双手握住弹力带的另一端，使弹力带具有一定张力。然后屈膝半蹲，同时身体向左侧旋转，双臂伸直下摆至身体的左后方。

2 双脚蹬地，身体向右侧扭转，同时双手斜向上拉弹力带至最大限度。恢复至起始姿势，重复规定次数后，换另一侧进行该动作。

弹力带旋转斜下拉训练

– 训练目的 –

提高全身力量，强化
上肢、下肢及躯干协
同工作的能力。

– 注意事项 –

斜向下拉弹力带时爆
发式完成动作，恢复
至起始姿势的动作应
缓慢，且动作过程中
保持双臂伸直。

– 训练步骤 –

1　双脚分开站立，距离大于肩宽。将弹力带
的一端固定在身体左侧高处（或由辅助者
握住），双手握住弹力带的另一端，使弹
力带具有一定张力。然后身体向左侧旋转，
双臂伸直上摆至身体的左上方。

2　双脚蹬地，身体向右侧扭转，同时双手
斜向下拉弹力带至最大限度。恢复至起
始姿势，重复规定次数后，换另一侧进
行该动作。

壶铃训练

壶铃高脚杯深蹲接上举训练

1

2

3

- 训练目的 -

提高全身力量，强化上肢、下肢及躯干协同工作的能力。

- 注意事项 -

动作过程中保持膝盖与脚尖的方向一致。

- 训练步骤 -

1 双脚分开站立，距离大于肩宽，双臂向上屈肘，双手抓握一只壶铃并将其置于胸前。

2 保持躯干挺直，屈髋、屈膝下蹲至最大限度。

3 保持躯干挺直，伸髋、伸膝站直，同时双手上举壶铃至双臂完全伸直。恢复至起始姿势，重复规定次数。

壶铃纵向下劈训练

- 训练目的 -

提高全身力量，强化上肢、下肢及躯干协同工作的能力。

- 注意事项 -

动作过程中保持躯干挺直，避免拱背或塌腰。

- 训练步骤 -

1　双脚分开站立，距离大于肩宽，双臂于头部两侧向上伸直，双手于头部正上方抓握一只壶铃。

2　屈髋、屈膝下蹲，躯干前倾，同时双臂做纵向下劈动作（注意双臂始终保持伸直）。恢复至起始姿势，重复规定次数。

壶铃对角线斜上举训练

－ 训练目的 －

提高全身力量，强化上肢、下肢及躯干协同工作的能力。

－ 注意事项 －

动作过程中保持双臂伸直，上举壶铃时身体完全伸展。

－ 训练步骤 －

1. 双脚分开站立，距离大于肩宽，双手掌心相对且于腹部前方抓握一只壶铃。

2. 屈髋、屈膝半蹲，同时躯干向右侧旋转，双手持壶铃下摆至身体的右后方。

3. 双脚蹬地，躯干向左侧扭转，同时双手持壶铃沿对角线做斜上举动作，直至双手位置超过头顶。双手重复斜上举壶铃至规定次数后，换另一侧进行该动作。

壶铃甩摆训练

1　　**2**　　　　　　**3**

- 训练目的 -

提高全身力量，强化上肢、下肢及躯干协同工作的能力。

- 注意事项 -

快速完成动作并保持肩胛骨收紧、手臂伸直、背部挺直。

- 训练步骤 -

1　双脚分开站立，距离大于肩宽，双手掌心向后且于腹部前方抓握一只壶铃。

2　屈髋、屈膝下蹲，躯干前倾，同时双手抓握壶铃经双腿之间向后摆动。

3　伸髋、伸膝，身体恢复直立，同时双手抓握壶铃向身体前方摆动。之后，将壶铃继续向后甩摆，进行下一次动作。重复规定次数。

壶铃单臂甩摆训练

– 训练目的 –

提高全身力量，强化上肢、下肢及躯干协同工作的能力。

– 注意事项 –

快速完成动作并保持肩胛骨收紧、背部挺直，抓握壶铃侧手臂伸直。

– 训练步骤 –

1. 双脚分开站立，距离大于肩宽，左臂自然置于体侧，右臂伸直，右手掌心向后且于腹部前方抓握一只壶铃。

2. 屈髋、屈膝下蹲，躯干前倾，同时右手抓握壶铃经双腿之间向后摆动。

3. 伸髋、伸膝，身体恢复直立，同时右手抓握壶铃向身体前方摆动，左臂自然摆动。之后，将壶铃继续向后甩摆，进行下一次动作。重复规定次数后，换另一侧进行该动作。

壶铃甩摆接双臂上拉训练

1

2

3

- 训练目的 -

提高全身力量，强化
上肢、下肢及躯干协
同工作的能力。

- 注意事项 -

快速完成动作并保持
肩胛骨收紧、手臂伸
直、背部挺直。

- 训练步骤 -

1 双脚分开站立，距离大于肩宽，双手掌心
向后且于腹部前方抓握一只壶铃。

2 屈髋、屈膝下蹲，躯干前倾，同时双手抓
握壶铃经双腿之间向后摆动。

3 伸髋、伸膝，身体恢复直立，同时双手抓握
壶铃向身体前方摆动并随后向上拉起至超过
头顶。恢复至起始动作，重复规定次数。

全身力量训练 ▼ 壶铃训练

壶铃爆发力推举训练

1

2

3

- 训练目的 -

提高全身力量，强化上肢、下肢及躯干协同工作的能力。

- 注意事项 -

快速完成动作并保持躯干挺直，避免耸肩。

- 训练步骤 -

1 双脚分开站立，距离与肩同宽，右臂向上屈肘，右手抓握壶铃并将其置于肩部，左臂自然置于体侧。

2 屈髋、屈膝下蹲，躯干前倾。

3 快速伸髋、伸膝，同时右手爆发式上举壶铃至右臂完全伸直且贴近头部。恢复至初始姿势，重复规定次数后，换另一侧进行该动作。

土耳其举训练

- 训练目的 -

激活和强化全身肌群。

- 注意事项 -

动作过程中保持双眼看向壶铃，举壶铃侧手臂伸直，同时注意发力顺序。

- 训练步骤 -

1　身体呈仰卧姿势，左腿伸直，右腿屈曲，左臂于体侧伸直，右臂竖直向上伸直，右手掌心向前抓握一只壶铃（底部朝下），双眼看向壶铃。

2　左臂屈肘支撑，同时躯干向上抬起，至右臂、肩关节与左臂上臂呈一条直线，保持1~2秒。

3　左臂完全伸直，左手撑地，同时躯干向上抬起，至双臂与肩关节呈一条直线，保持1~2秒。

– 训练步骤 –

4 躯干继续向上抬起，同时左腿后撤跪地于左臂正后方，右腿屈髋、屈膝 90 度，保持 1~2 秒。

5 躯干右转上抬至垂直于地面，同时左腿内旋，至整个身体朝向正前方，保持 1~2 秒。

6 蹬地站起，至整个身体呈一条直线，保持 1~2 秒。然后倒序完成上述动作，恢复至起始姿势。重复规定次数后，换另一侧进行该动作。

战绳站姿双臂甩动训练

－ 训练目的 －

提高全身力量，强化上肢、下肢及躯干协同工作的能力。

－ 注意事项 －

动作过程中保持背部挺直，避免耸肩或髋部旋转。

－ 训练步骤 －

1 双脚分开站立，双手于体前抓握战绳的一端。

2 屈髋、屈膝下蹲，躯干微微前倾，双手向上甩举战绳至最大高度。

3 保持躯干及下肢姿势不变，双手迅速下砸战绳。重复甩举、下砸战绳至规定次数。

－ 变式动作 －

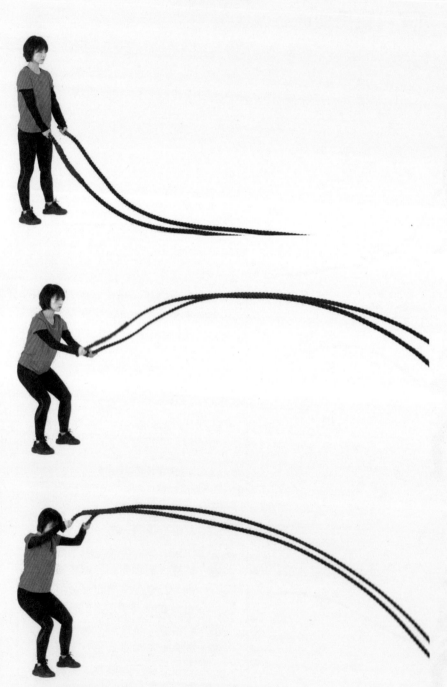

通过双手分别抓握战绳的两端增加动作难度。

战绳站姿单臂甩动训练

– 训练目的 –

提高全身力量，强化上肢、下肢及躯干协同工作的能力。

– 注意事项 –

动作过程中保持背部挺直，避免耸肩或髋部旋转。

– 训练步骤 –

1 双脚分开站立，左臂自然置于体侧，右手于体前抓握战绳的一端。

2 屈髋、屈膝下蹲，躯干微微前倾，右手向上甩举战绳至最大高度。

3 保持躯干及下肢姿势不变，右手迅速下砸战绳。重复甩举、下砸战绳至规定的次数后，换另一侧进行该动作。

战绳站姿双臂交替甩动训练

－ 训练目的 －

提高全身力量，强化上肢、下肢及躯干协同工作的能力。

－ 注意事项 －

动作过程中保持背部挺直，避免耸肩或髋部旋转。

－ 训练步骤 －

1　双脚分开站立，双手于体前分别抓握战绳的两端。

2　屈髋、屈膝下蹲，躯干微微前倾，右手向上甩举战绳至最大高度。

3　保持躯干及下肢姿势不变，右手迅速下砸战绳，同时左手向上甩举战绳至最大高度。双手交替甩举、下砸战绳至规定的次数。

第 四 章

腰部功能强化训练方案

如前文所述，腰痛已经成为世界范围内造成残疾的主要原因之一，有 80% 的人在生活中受到腰痛的困扰。此外，相关研究显示：腰背疼痛通常从一个人的青少年时期就会出现，且疼痛的症状会持续超过12 个月；运动过多或过少，均有可能造成腰背疼痛；不同类型的运动会引起不同类型的腰背疼痛，其中需要脊柱反复进行侧屈和旋转动作的运动造成腰背疼痛的风险更大。相关疼痛和损伤的高发生率及后续不良影响进一步说明了强化腰部功能的必要性。

因此，除了前文介绍的腰部功能强化训练策略、步骤与动作练习，本章还提供了针对常见的与腰部相关的功能障碍及腰部疼痛、腰部问题高发人群及高发运动的训练方案，以帮助训练者更好地训练。值得注意的是，本章中的训练方案均分为基础方案和进阶方案，当训练者能够在保障动作质量的前提下轻松完成基础方案的训练时，即可进行进阶方案的训练；相反地，若训练者感到完成进阶方案的训练较为吃力或已无法保障动作质量时，应退阶进行基础方案的训练。

4.1 针对与腰部相关的功能障碍的纠正训练方案

如前文所述，相邻关节或区域的功能障碍问题往往也会引起腰部功能障碍、疼痛和损伤。因此，当出现胸椎灵活性不足（可根据第二章中介绍的"胸椎灵活性筛查"判断是否存在此问题）、髋关节灵活性不足（可根据第二章中介绍的"主动直腿上抬筛查""俯卧髋关节主动伸展筛查"及"俯卧屈膝髋关节内旋筛查"判断是否存在此问题）或核心稳定性不足的情况时，必须进行针对性纠正训练。

4.1.1 胸椎灵活性不足的纠正训练方案

基础方案

1 俯卧呼吸训练（鳄鱼式呼吸）
10~15 次 / 组，2~3 组，间歇 30 秒
第 40 页

2 泡沫轴滚压胸椎周围软组织训练
30~60 秒 / 组，1~2 组，无间歇
第 44 页

3 猫式伸展训练
8~10 次 / 组，2~3 组，间歇 30 秒
第 45 页

4 翻书训练
每侧 8~10 次 / 组，2~3 组，间歇 30 秒
第 47 页

5 四点跪姿胸椎旋转训练
每侧 8~10 次 / 组，2~3 组，间歇 30 秒
第 50 页

6 四点跪姿腰椎锁定胸椎旋转训练
每侧 8~10 次 / 组，2~3 组，间歇 30 秒
第 51 页

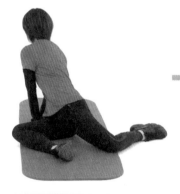

7 坐姿麻花拉伸训练
每侧 8~10 次 / 组，2~3 组，间歇 30 秒
第 53 页

8 弓箭步胸椎旋转训练
每侧 8~10 次 / 组，2~3 组，间歇 30 秒
第 55 页

进阶方案

1　90-90 式呼吸训练
10~15 次 / 组，2~3 组，间歇 30 秒
第 42 页

2　泡沫轴滚压胸椎周围软组织训练
30~60 秒 / 组，1~2 组，无间歇
第 44 页

3　下犬式伸展训练
8~10 次 / 组，2~3 组，间歇 30 秒
第 46 页

4　抓肋式胸椎旋转训练
每侧 8~10 次 / 组，2~3 组，间歇 30 秒
第 48 页

5 抗阻四点跪姿胸椎旋转训练
每侧 8~10 次 / 组，2~3 组，间歇 30 秒
第 58 页

6 抗阻四点跪姿腰椎锁定胸椎旋转训练（手放头后）
每侧 8~10 次 / 组，2~3 组，间歇 30 秒
第 59 页

7 卧姿麻花拉伸训练
每侧 8~10 次 / 组，2~3 组，间歇 30 秒
第 52 页

8 抗阻翻书训练
每侧 8~10 次 / 组，2~3 组，间歇 30 秒
第 56 页

4.1.2 髋关节灵活性不足的纠正训练方案

基础方案

1 俯卧呼吸训练（鳄鱼式呼吸）
10~15 次 / 组，2~3 组，间歇 30 秒
第 40 页

2 泡沫轴滚压大腿前侧训练
每侧 30~60 秒 / 组，1~2 组，无间歇
第 65 页

3 泡沫轴滚压大腿后侧训练
每侧 30~60 秒 / 组，1~2 组，无间歇
第 66 页

4 泡沫轴滚压大腿内侧训练
每侧 30~60 秒 / 组，1~2 组，无间歇
第 67 页

5 泡沫轴滚压大腿外侧训练
每侧 30~60 秒 / 组，1~2 组，无间歇
第 68 页

6 静态拉伸髂腰肌训练
每侧 20~30 秒 / 组，1~2 组，间歇 30 秒
第 76 页

7 静态拉伸梨状肌训练（仰卧姿势）
每侧 20~30 秒 / 组，1~2 组，间歇 30 秒
第 77 页

8 仰卧动态屈髋训练
每侧 8~10 次 / 组，2~3 组，间歇 30 秒
第 91 页

9 俯卧动态伸髋训练
每侧 8~10 次 / 组，2~3 组，间歇 30 秒
第 92 页

10 单腿主动下落训练
每侧 8~10 次 / 组，2~3 组，间歇 30 秒
第 89 页

进阶方案

1 90-90 式呼吸训练
10~15 次 / 组，2~3 组，间歇 30 秒
第 42 页

2 筋膜球按压髂腰肌扳机点训练
每侧 30~60 秒 / 组，1~2 组，无间歇
第 69 页

3 筋膜球按压梨状肌扳机点训练
每侧 30~60 秒 / 组，1~2 组，无间歇
第 70 页

4 筋膜球按压大腿前侧扳机点训练
每侧 30~60 秒 / 组，1~2 组，无间歇
第 71 页

5 筋膜球按压大腿后侧扳机点训练
每侧 30~60 秒 / 组，1~2 组，无间歇
第 72 页

6　静态拉伸大腿前侧训练
每侧 20~30 秒 / 组，1~2 组，间歇 30 秒
第 79 页

7　弹力带拉伸髂腰肌训练
每侧 20~30 秒 / 组，1~2 组，间歇 30 秒
第 87 页

8　弹力带拉伸梨状肌训练
每侧 20~30 秒 / 组，1~2 组，间歇 30 秒
第 88 页

9　仰卧动态髋关节内收和外展训练
每侧 8~10 次 / 组，2~3 组，间歇 30 秒
第 93 页

10　俯卧动态髋关节内旋和外旋训练
每侧 8~10 次 / 组，2~3 组，间歇 30 秒
第 94 页

4.1.3 核心稳定性不足的纠正训练方案

基础方案

1 俯卧呼吸训练（鳄鱼式呼吸）
10~15 次 / 组，2~3 组，间歇 30 秒
第 40 页

2 静态平板支撑训练
20~40 秒 / 组，2~3 组，间歇 30 秒
第 104 页

3 静态侧向平板支撑训练
每侧 15~30 秒 / 组，2~3 组，间歇 30 秒
第 105 页

4 静态仰卧挺髋训练
20~40 秒 / 组，2~3 组，间歇 30 秒
第 106 页

5 弹力带静态跪姿抗屈曲训练
20~40 秒 / 组，2~3 组，间歇 30 秒
第 114 页

6 弹力带静态跪姿抗伸展训练
20~40 秒 / 组，2~3 组，间歇 30 秒
第 115 页

7 动态仰卧肢体伸展训练
8~10 次 / 组，2~3 组，间歇 30 秒
第 111 页

8 动态俯卧肢体伸展训练
每侧 8~10 次 / 组，2~3 组，间歇 30 秒
第 112 页

进阶方案

1 90-90 式呼吸训练
10~15 次 / 组，2~3 组，间歇 30 秒
第 42 页

2 静态自身对抗训练
15~30 秒 / 组，2~3 组，间歇 30 秒
第 107 页

3 静态俯卧超人训练
15~30 秒 / 组，2~3 组，间歇 30 秒
第 108 页

4 弹力带静态跪姿抗侧屈训练
每侧 20~40 秒 / 组，2~3 组，间歇 30 秒
第 116 页

5 弹力带静态跪姿抗旋转训练
每侧 20~40 秒 / 组，2~3 组，间歇 30 秒
第 117 页

6 动态平板支撑训练
8~10 次 / 组，2~3 组，间歇 30 秒
第 109 页

7 动态侧向平板支撑训练
每侧 8~10 次 / 组，2~3 组，间歇 30 秒
第 110 页

8 仰卧挺髋训练
8~10 次 / 组，2~3 组，间歇 30 秒
第 97 页

9 动态四点支撑肢体伸展训练
每侧 8~10 次 / 组，2~3 组，间歇 30 秒
第 113 页

10 弹力带动态单腿跪姿对角线斜上拉训练
每侧 8~10 次 / 组，2~3 组，间歇 30 秒
第 118 页

4.2 针对腰部慢性疼痛的功能强化训练方案

　　本节分别提供了针对胸椎紧张、骨盆前倾和腰肌劳损引起的慢性腰痛的功能强化训练方案，以帮助训练者缓解疼痛、促进康复。需要注意的是，训练者的腰部或其他部位如存在肿胀、明显的疼痛以及其他强烈不适情况时，应首先进行医学检查和治疗，再根据医嘱判断能否进行训练。

4.2.1 针对胸椎紧张引发的慢性腰痛的功能强化训练方案

基础方案

1　俯卧呼吸训练（鳄鱼式呼吸）
10~15 次 / 组，2~3 组，间歇 30 秒
第 40 页

2　泡沫轴滚压胸椎周围软组织训练
30~60 秒 / 组，1~2 组，无间歇
第 44 页

3　猫式伸展训练
8~10 次 / 组，2~3 组，间歇 30 秒
第 45 页

4　翻书训练
每侧 8~10 次 / 组，2~3 组，间歇 30 秒
第 47 页

5　四点跪姿胸椎旋转训练
每侧 8~10 次 / 组，2~3 组，间歇 30 秒
第 50 页

6 弓箭步胸椎旋转训练
每侧 8~10 次 / 组，2~3 组，间歇 30 秒
第 55 页

7 静态仰卧挺髋训练
20~40 秒 / 组，2~3 组，间歇 30 秒
第 106 页

8 静态侧向平板支撑训练
每侧 15~30 秒 / 组，2~3 组，间歇 30 秒
第 105 页

9 弹力带静态跪姿抗旋转训练
每侧 20~40 秒 / 组，2~3 组，间歇 30 秒
第 117 页

10 弹力带站姿抗阻旋转训练
每侧 8~10 次 / 组，2~3 组，间歇 30 秒
第 131 页

进阶方案

1 90-90 式呼吸训练
10~15 次 / 组，2~3 组，间歇 30 秒
第 42 页

2 泡沫轴滚压胸椎周围软组织训练
30~60 秒 / 组，1~2 组，无间歇
第 44 页

3 下犬式伸展训练
8~10 次 / 组，2~3 组，间歇 30 秒
第 46 页

4 四点跪姿腰椎锁定胸椎旋转训练
每侧 8~10 次 / 组，2~3 组，间歇 30 秒
第 51 页

5 卧姿麻花拉伸训练
每侧 8~10 次 / 组，2~3 组，间歇 30 秒
第 52 页

6
抗阻翻书训练
每侧 8~10 次 / 组，2~3 组，间歇 30 秒
第 56 页

7
站姿臀部触墙训练
8~10 次 / 组，2~3 组，间歇 30 秒
第 100 页

8
动态四点支撑肢体伸展训练
每侧 8~10 次 / 组，2~3 组，间歇 30 秒
第 113 页

9
弹力带跪姿抗阻旋转训练
每侧 8~10 次 / 组，2~3 组，间歇 30 秒
第 129 页

10
弹力带旋转斜上拉训练
每侧 8~10 次 / 组，2~3 组，间歇 30 秒
第 150 页

4.2.2 针对骨盆前倾引发的慢性腰痛的功能强化训练方案

基础方案

1 俯卧呼吸训练（鳄鱼式呼吸）
10~15 次 / 组，2~3 组，间歇 30 秒
第 40 页

2 泡沫轴滚压大腿前侧训练
每侧 30~60 秒 / 组，1~2 组，无间歇
第 65 页

3 泡沫轴滚压大腿外侧训练
每侧 30~60 秒 / 组，1~2 组，无间歇
第 68 页

4 静态拉伸髂腰肌训练
每侧 20~30 秒 / 组，1~2 组，间歇 30 秒
第 76 页

5 俯卧动态伸髋训练
每侧 8~10 次 / 组，2~3 组，间歇 30 秒
第 92 页

6 单腿主动下落训练
每侧 8~10 次 / 组，2~3 组，间歇 30 秒
第 89 页

7 静态仰卧挺髋训练
20~40 秒 / 组，2~3 组，间歇 30 秒
第 106 页

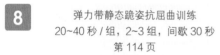

8 弹力带静态跪姿抗屈曲训练
20~40 秒 / 组，2~3 组，间歇 30 秒
第 114 页

9 弹力带跪姿抗阻挺髋训练
8~10 次 / 组，2~3 组，间歇 30 秒
第 128 页

10 半土耳其举训练
每侧 3~5 次 / 组，2~3 组，间歇 30 秒
第 135 页

进阶方案

1 90-90 式呼吸训练
10~15 次 / 组，2~3 组，间歇 30 秒
第 42 页

2 筋膜球按压髂腰肌扳机点训练
每侧 30~60 秒 / 组，1~2 组，无间歇
第 69 页

3 筋膜球按压大腿前侧扳机点训练
每侧 30~60 秒 / 组，1~2 组，无间歇
第 71 页

4 弹力带拉伸髂腰肌训练
每侧 20~30 秒 / 组，1~2 组，间歇 30 秒
第 87 页

5 弹力带拉伸大腿前侧训练
每侧 20~30 秒 / 组，1~2 组，间歇 30 秒
第 83 页

7 动态侧向平板支撑训练
每侧 8~10 次 / 组，2~3 组，间歇 30 秒
第 110 页

6 站姿抬臂髋关节铰链训练
8~10 次 / 组，2~3 组，间歇 30 秒
第 101 页

8 动态四点支撑肢体伸展训练
每侧 8~10 次 / 组，2~3 组，间歇 30 秒
第 113 页

9 弹力带站姿抗阻挺髋训练
8~10 次 / 组，2~3 组，间歇 30 秒
第 130 页

10 壶铃甩摆训练
8~10 次 / 组，2~3 组，间歇 30 秒
第 155 页

4.2.3 针对腰肌劳损引发的慢性腰痛的功能强化训练方案

基础方案

1 俯卧呼吸训练（鳄鱼式呼吸）
10~15 次 / 组，2~3 组，间歇 30 秒
第 40 页

2 泡沫轴滚压大腿前侧训练
每侧 30~60 秒 / 组，1~2 组，无间歇
第 65 页

3 筋膜球按压梨状肌扳机点训练
每侧 30~60 秒 / 组，1~2 组，无间歇
第 70 页

4 静态拉伸髂腰肌训练
每侧 20~30 秒 / 组，1~2 组，间歇 30 秒
第 76 页

5 静态拉伸梨状肌训练（仰卧姿势）
每侧 20~30 秒 / 组，1~2 组，间歇 30 秒
第 77 页

6 动态仰卧肢体伸展训练
8~10 次 / 组，2~3 组，间歇 30 秒
第 111 页

7 静态侧向平板支撑训练
每侧 15~30 秒 / 组，2~3 组，间歇 30 秒
第 105 页

8 静态仰卧挺髋训练
20~40 秒 / 组，2~3 组，间歇 30 秒
第 106 页

9 动态俯卧肢体伸展训练
每侧 8~10 次 / 组，2~3 组，间歇 30 秒
第 112 页

10 仰卧卷腹训练
8~10 次 / 组，2~3 组，间歇 30 秒
第 121 页

进阶方案

1 90-90 式呼吸训练
10~15 次 / 组，2~3 组，间歇 30 秒
第 42 页

2 泡沫轴滚压胸椎周围软组织训练
30~60 秒 / 组，1~2 组，无间歇
第 44 页

3 筋膜球按压梨状肌扳机点训练
每侧 30~60 秒 / 组，1~2 组，无间歇
第 70 页

4 静态拉伸梨状肌训练（跪坐姿势）
每侧 20~30 秒 / 组，1~2 组，间歇 30 秒
第 78 页

5 静态自身对抗训练
20~40 秒 / 组，2~3 组，间歇 30 秒
第 107 页

6　弹力带静态跪姿抗旋转训练
每侧 20~40 秒 / 组，2~3 组，间歇 30 秒
第 117 页

7　仰卧挺髋训练
8~10 次 / 组，2~3 组，间歇 30 秒
第 97 页

8　动态四点支撑肢体伸展训练
每侧 8~10 次 / 组，2~3 组，间歇 30 秒
第 113 页

9　弹力带动态单腿跪姿对角线斜上拉训练
每侧 8~10 次 / 组，2~3 组，间歇 30 秒
第 118 页

10　弹力带旋转斜下拉训练
每侧 8~10 次 / 组，2~3 组，间歇 30 秒
第 151 页

4.3 针对不同人群的腰部功能强化训练方案

久坐或久站的生活和工作方式，以及长期进行需要脊柱执行大量重复性屈曲和旋转动作体育运动或体力活动，都会导致腰部受到过多压力，稳定性下降，进而产生损伤和疼痛。因此，本节提供了针对久坐人群、久站人群和健身人群的腰部功能强化训练方案。值得注意的是，在训练过程中，动作质量应始终被放在首位。

4.3.1 针对久坐人群的腰部功能强化训练方案

基础方案

1　俯卧呼吸训练（鳄鱼式呼吸）
10~15 次 / 组，2~3 组，间歇 30 秒
第 40 页

2　泡沫轴滚压胸椎周围软组织训练
30~60 秒 / 组，1~2 组，无间歇
第 44 页

3　泡沫轴滚压大腿前侧训练
每侧 30~60 秒 / 组，1~2 组，无间歇
第 65 页

4　筋膜球按压髂腰肌扳机点训练
每侧 30~60 秒 / 组，1~2 组，无间歇
第 69 页

5　静态拉伸髂腰肌训练
每侧 20~30 秒 / 组，1~2 组，间歇 30 秒
第 76 页

6 猫式伸展训练
8~10 次 / 组，2~3 组，间歇 30 秒
第 45 页

7 翻书训练
每侧 8~10 次 / 组，2~3 组，间歇 30 秒
第 47 页

8 静态仰卧挺髋训练
20~40 秒 / 组，2~3 组，间歇 30 秒
第 106 页

9 静态侧向平板支撑训练
每侧 15~30 秒 / 组，2~3 组，间歇 30 秒
第 105 页

10 弹力带静态跪姿抗旋转训练
每侧 20~40 秒 / 组，2~3 组，间歇 30 秒
第 117 页

进阶方案

1 90-90 式呼吸训练
10~15 次 / 组，2~3 组，间歇 30 秒
第 42 页

2 泡沫轴滚压胸椎周围软组织训练
30~60 秒 / 组，1~2 组，无间歇
第 44 页

3 筋膜球按压大腿前侧扳机点训练
每侧 30~60 秒 / 组，1~2 组，无间歇
第 71 页

4 静态拉伸大腿前侧训练
每侧 20~30 秒 / 组，1~2 组，间歇 30 秒
第 79 页

5 弹力带拉伸髂腰肌训练
每侧 20~30 秒 / 组，1~2 组，间歇 30 秒
第 87 页

6 跪姿髋关节铰链训练
8~10 次 / 组，2~3 组，无间歇
第 99 页

7 仰卧挺髋训练
8~10 次 / 组，2~3 组，间歇 30 秒
第 97 页

8 动态侧向平板支撑训练
每侧 8~10 次 / 组，2~3 组，间歇 30 秒
第 110 页

9 动态四点支撑肢体伸展训练
每侧 8~10 次 / 组，2~3 组，间歇 30 秒
第 113 页

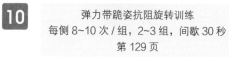

10 弹力带跪姿抗阻旋转训练
每侧 8~10 次 / 组，2~3 组，间歇 30 秒
第 129 页

4.3.2 针对久站人群的腰部功能强化训练方案

基础方案

1 俯卧呼吸训练（鳄鱼式呼吸）
10~15 次 / 组，2~3 组，间歇 30 秒
第 40 页

2 泡沫轴滚压胸椎周围软组织训练
30~60 秒 / 组，1~2 组，无间歇
第 44 页

3 泡沫轴滚压大腿后侧训练
每侧 30~60 秒 / 组，1~2 组，无间歇
第 66 页

4 泡沫轴滚压大腿外侧训练
每侧 30~60 秒 / 组，1~2 组，无间歇
第 68 页

5 静态拉伸大腿后侧训练
每侧 20~30 秒 / 组，1~2 组，间歇 30 秒
第 80 页

6　静态拉伸大腿外侧训练
每侧 20~30 秒 / 组，1~2 组，间歇 30 秒
第 82 页

7　猫式伸展训练
8~10 次 / 组，2~3 组，间歇 30 秒
第 45 页

8　翻书训练
每侧 8~10 次 / 组，2~3 组，间歇 30 秒
第 47 页

9　静态仰卧挺髋训练
20~40 秒 / 组，2~3 组，间歇 30 秒
第 106 页

10　弹力带静态跪姿抗旋转训练
每侧 20~40 秒 / 组，2~3 组，间歇 30 秒
第 117 页

进阶方案

1 90-90 式呼吸训练
10~15 次 / 组，2~3 组，间歇 30 秒
第 42 页

2 泡沫轴滚压胸椎周围软组织训练
30~60 秒 / 组，1~2 组，无间歇
第 44 页

3 筋膜球按压大腿后侧扳机点训练
每侧 30~60 秒 / 组，1~2 组，无间歇
第 72 页

4 筋膜球按压梨状肌扳机点训练
每侧 30~60 秒 / 组，1~2 组，无间歇
第 70 页

5 弹力带拉伸大腿后侧训练
每侧 20~30 秒 / 组，1~2 组，间歇 30 秒
第 84 页

6 弹力带拉伸大腿外侧训练
每侧 20~30 秒 / 组，1~2 组，间歇 30 秒
第 86 页

7 四点跪姿腰椎锁定胸椎旋转训练
每侧 8~10 次 / 组，2~3 组，间歇 30 秒
第 51 页

8 站姿臀部触墙训练
8~10 次 / 组，2~3 组，间歇 30 秒
第 100 页

9 仰卧挺髋训练
8~10 次 / 组，2~3 组，间歇 30 秒
第 97 页

10 弹力带跪姿抗阻旋转训练
每侧 8~10 次 / 组，2~3 组，间歇 30 秒
第 129 页

4.3.3 针对健身人群的腰部功能强化训练方案

基础方案

1 俯卧呼吸训练（鳄鱼式呼吸）
10~15 次 / 组，2~3 组，间歇 30 秒
第 40 页

2 泡沫轴滚压胸椎周围软组织训练
30~60 秒 / 组，1~2 组，无间歇
第 44 页

3 泡沫轴滚压大腿前侧训练
每侧 30~60 秒 / 组，1~2 组，无间歇
第 65 页

4 筋膜球按压髂腰肌扳机点训练
每侧 30~60 秒 / 组，1~2 组，无间歇
第 69 页

5 静态拉伸大腿前侧训练
每侧 20~30 秒 / 组，1~2 组，间歇 30 秒
第 79 页

6　静态拉伸髂腰肌训练
每侧 20~30 秒 / 组，1~2 组，间歇 30 秒
第 76 页

7　猫式伸展训练
8~10 次 / 组，2~3 组，间歇 30 秒
第 45 页

8　翻书训练
每侧 8~10 次 / 组，2~3 组，间歇 30 秒
第 47 页

9　静态仰卧挺髋训练
20~40 秒 / 组，2~3 组，间歇 30 秒
第 106 页

10　静态侧向平板支撑训练
每侧 15~30 秒 / 组，2~3 组，间歇 30 秒
第 105 页

进阶方案

1
90-90 式呼吸训练
10~15 次 / 组，2~3 组，间歇 30 秒
第 42 页

2
泡沫轴滚压胸椎周围软组织训练
30~60 秒 / 组，1~2 组，无间歇
第 44 页

3
筋膜球按压大腿前侧扳机点训练
每侧 30~60 秒 / 组，1~2 组，无间歇
第 71 页

4
筋膜球按压梨状肌扳机点训练
每侧 30~60 秒 / 组，1~2 组，无间歇
第 70 页

5
弹力带拉伸大腿前侧训练
每侧 20~30 秒 / 组，1~2 组，间歇 30 秒
第 83 页

6 弹力带拉伸髂腰肌训练
每侧 20~30 秒 / 组，1~2 组，间歇 30 秒
第 87 页

7 弹力带拉伸梨状肌训练
每侧 20~30 秒 / 组，1~2 组，间歇 30 秒
第 88 页

8 仰卧挺髋训练
8~10 次 / 组，2~3 组，间歇 30 秒
第 97 页

9 动态四点支撑肢体伸展训练
每侧 8~10 次 / 组，2~3 组，间歇 30 秒
第 113 页

10 弹力带跪姿抗阻旋转训练
每侧 8~10 次 / 组，2~3 组，间歇 30 秒
第 129 页

4.4 针对不同运动的腰部功能强化训练方案

不同类型的运动可能会引起不同类型的腰部问题。例如在跑步运动中，人们可能会出现屈髋肌过度紧张，从而导致腰背部紧张的问题；在力量训练中，人们可能会出现腰椎区域过度紧张，缺乏灵活性的问题；在瑜伽运动中，人们可能会出现腰椎区域过度灵活，缺乏稳定性的问题。如果能在日常训练中有意识地进行腰部功能强化，可有效避免腰部疼痛和损伤的产生，同时有益于提升运动表现。

4.4.1 针对跑步运动的腰部功能强化训练方案

基础方案

1 俯卧呼吸训练（鳄鱼式呼吸）
10~15 次 / 组，2~3 组，间歇 30 秒
第 40 页

2 泡沫轴滚压胸椎周围软组织训练
30~60 秒 / 组，1~2 组，无间歇
第 44 页

3 泡沫轴滚压大腿前侧训练
每侧 30~60 秒 / 组，1~2 组，无间歇
第 65 页

4 筋膜球按压髂腰肌扳机点训练
每侧 30~60 秒 / 组，1~2 组，无间歇
第 69 页

5 静态拉伸髂腰肌训练
每侧 20~30 秒 / 组，1~2 组，间歇 30 秒
第 76 页

6　猫式伸展训练
8~10 次 / 组，2~3 组，间歇 30 秒
第 45 页

7　抗阻翻书训练
每侧 8~10 次 / 组，2~3 组，间歇 30 秒
第 56 页

8　站姿臀部触墙训练
8~10 次 / 组，2~3 组，间歇 30 秒
第 100 页

9　弹力带静态跪姿抗屈曲训练
15~30 秒 / 组，2~3 组，间歇 30 秒
第 114 页

10　仰卧蹬车训练
20~40 秒 / 组，2~3 组，间歇 30 秒
第 124 页

进阶方案

1　90-90 式呼吸训练
10~15 次 / 组，2~3 组，间歇 30 秒
第 42 页

2　筋膜球按压大腿前侧扳机点训练
每侧 30~60 秒 / 组，1~2 组，无间歇
第 71 页

3　筋膜球按压梨状肌扳机点训练
每侧 30~60 秒 / 组，1~2 组，无间歇
第 70 页

4　静态拉伸大腿前侧训练
每侧 20~30 秒 / 组，1~2 组，间歇 30 秒
第 79 页

5　弹力带拉伸髂腰肌训练
每侧 20~30 秒 / 组，1~2 组，间歇 30 秒
第 87 页

6　站姿抬臂髋关节铰链训练
8~10 次 / 组，2~3 组，间歇 30 秒
第 101 页

7　动态四点支撑肢体伸展训练
每侧 8~10 次 / 组，2~3 组，间歇 30 秒
第 113 页

8　弹力带跪姿抗阻旋转训练
每侧 8~10 次 / 组，2~3 组，间歇 30 秒
第 129 页

9　俯撑登山训练
30~60 秒 / 组，2~3 组，间歇 30 秒
第 141 页

10　壶铃高脚杯深蹲接上举训练
6~8 次 / 组，2~3 组，间歇 30 秒
第 152 页

4.4.2 针对力量训练的腰部功能强化训练方案

基础方案

1 俯卧呼吸训练（鳄鱼式呼吸）
10~15 次 / 组，2~3 组，间歇 30 秒
第 40 页

2 泡沫轴滚压胸椎周围软组织训练
30~60 秒 / 组，1~2 组，无间歇
第 44 页

3 泡沫轴滚压大腿前侧训练
每侧 30~60 秒 / 组，1~2 组，无间歇
第 65 页

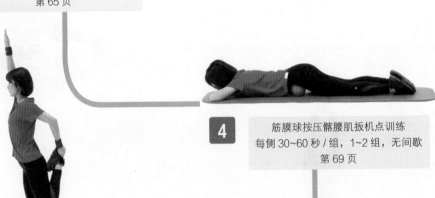

4 筋膜球按压髂腰肌扳机点训练
每侧 30~60 秒 / 组，1~2 组，无间歇
第 69 页

5 静态拉伸大腿前侧训练
每侧 20~30 秒 / 组，1~2 组，间歇 30 秒
第 79 页

6 静态拉伸髂腰肌训练
每侧 20~30 秒 / 组，1~2 组，间歇 30 秒
第 76 页

7 翻书训练
每侧 8~10 次 / 组，2~3 组，间歇 30 秒
第 47 页

8 静态仰卧挺髋训练
40~60 秒 / 组，2~3 组，间歇 30 秒
第 106 页

9 土耳其举训练
每侧 3~5 次 / 组，2~3 组，间歇 30 秒
第 159 页

10 弹力带旋转斜下拉训练
每侧 8~10 次 / 组，2~3 组，间歇 30 秒
第 151 页

进阶方案

1 90-90 式呼吸训练
10~15 次 / 组，2~3 组，间歇 30 秒
第 42 页

2 筋膜球按压大腿前侧扳机点训练
每侧 30~60 秒 / 组，1~2 组，无间歇
第 71 页

3 筋膜球按压梨状肌扳机点训练
每侧 30~60 秒 / 组，1~2 组，无间歇
第 70 页

5 弹力带拉伸髂腰肌训练
每侧 20~30 秒 / 组，1~2 组，间歇 30 秒
第 87 页

4 弹力带拉伸大腿前侧训练
每侧 20~30 秒 / 组，1~2 组，间歇 30 秒
第 83 页

6 弹力带拉伸梨状肌训练
每侧 20~30 秒 / 组，1~2 组，间歇 30 秒
第 88 页

7 髋关节铰链单腿动作模式训练
每侧 8~10 次 / 组，2~3 组，间歇 30 秒
第 102 页

8 对角线仰卧卷腹训练
10~15 次 / 组，2~3 组，间歇 30 秒
第 122 页

9 上固定俯卧背肌伸展训练
8~10 次 / 组 2~3 组，间歇 30 秒
第 126 页

10 壶铃甩摆接双臂上拉训练
8~10 次 / 组 2~3 组，间歇 30 秒
第 157 页

4.4.3 针对瑜伽运动的腰部功能强化训练方案

基础方案

1 俯卧呼吸训练（鳄鱼式呼吸）
10~15 次 / 组，2~3 组，间歇 30 秒
第 40 页

2 静态平板支撑训练
20~40 秒 / 组，2~3 组，间歇 30 秒
第 104 页

3 静态侧向平板支撑训练
每侧 15~30 秒 / 组，2~3 组，间歇 30 秒
第 105 页

4 静态仰卧挺髋训练
20~40 秒 / 组，2~3 组，间歇 30 秒
第 106 页

5 动态仰卧肢体伸展训练
8~10 次 / 组，2~3 组，间歇 30 秒
第 111 页

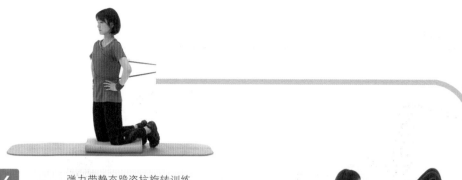

6 弹力带静态跪姿抗旋转训练
每侧 20~40 秒 / 组，2~3 组，间歇 30 秒
第 117 页

7 仰卧卷腹训练
8~10 次 / 组，2~3 组，间歇 30 秒
第 121 页

8 半土耳其举训练
每侧 3~5 次 / 组，2~3 组，间歇 30 秒
第 135 页

9 正向爬行训练
20~40 秒 / 组，2~3 组，间歇 30 秒
第 143 页

10 壶铃高脚杯深蹲接上举训练
8~10 次 / 组，2~3 组，间歇 30 秒
第 152 页

进阶方案

1 90-90 式呼吸训练
10~15 次 / 组，2~3 组，间歇 30 秒
第 42 页

2 站姿抬臂髋关节铰链训练
8~10 次 / 组，2~3 组，间歇 30 秒
第 101 页

3 弹力带静态跪姿抗侧屈训练
每侧 20~40 秒 / 组，2~3 组，间歇 30 秒
第 116 页

4 弹力带静态跪姿抗旋转训练
每侧 20~40 秒 / 组，2~3 组，间歇 30 秒
第 117 页

5 静态自身对抗训练
15~30 秒 / 组，2~3 组，间歇 30 秒
第 107 页

6 静态俯卧超人训练
15~30 秒 / 组，2~3 组，间歇 30 秒
第 108 页

7 动态侧向平板支撑训练
每侧 8~10 次 / 组，2~3 组，间歇 30 秒
第 110 页

8 动态四点支撑肢体伸展训练
每侧 8~10 次 / 组，2~3 组，间歇 30 秒
第 113 页

10 壶铃纵向下劈训练
8~10 次 / 组，2~3 组，间歇 30 秒
第 153 页

9 弹力带动态单腿跪姿对角线斜上拉训练
每侧 8~10 次 / 组，2~3 组，间歇 30 秒
第 118 页

作 者 简 介

闫琪

国家体育总局体育科学研究所研究员，博士，上海体育学院客座教授；获得美国国家体能协会体能训练专家（NSCA-CSCS）认证；FMS国际认证讲师；FMS、SFMA高级认证专家；国家体育总局备战奥运会体能训练专家组成员；国家体育总局教练员学院体能训练培训讲师；多名奥运会冠军运动员的体能教练；中国人民解放军备战第七届世界军人运动会体能训练专家；中国人民解放军南部战区飞行人员训练伤防治中心专家；曾多次到不同部队进行讲座和提供体能训练指导；获奥运会科技先进个人、全国体育事业突出贡献奖等奖项。

模 特 简 介

周雨

美国明尼苏达大学在读体育管理
硕士；
美国明尼苏达大学传播学学士；
全国跳水冠军；
美国全国大学体育协会（NCAA）
跳水冠军；
原北京市跳水队队员。

绘 图 者 简 介

乌鸦

80 后品牌设计师；

健身漫画作者；

连载作品包括《健身冷知识》《全网最扎心健身真相》和《健身怪谈》。

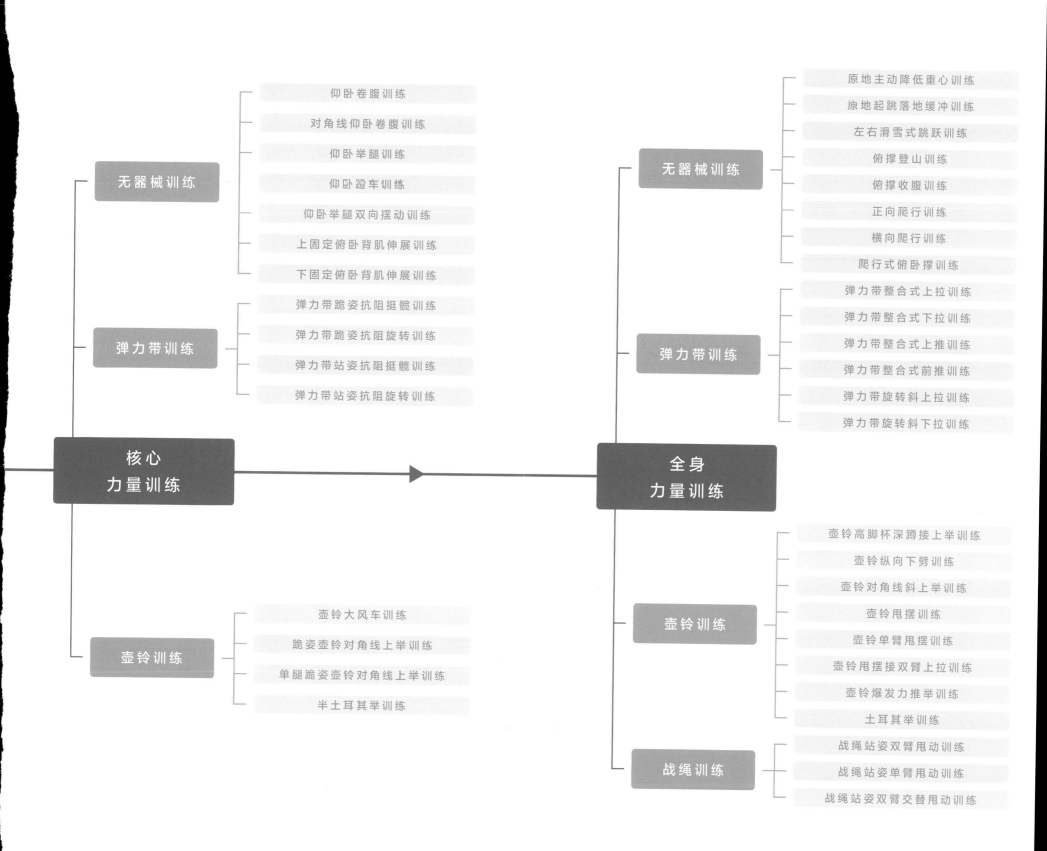

核心
力量训练

无器械训练
- 仰卧卷腹训练
- 对角线仰卧卷腹训练
- 仰卧举腿训练
- 仰卧蹬车训练
- 仰卧举腿双向摆动训练
- 上固定俯卧背肌伸展训练
- 下固定俯卧背肌伸展训练

弹力带训练
- 弹力带跪姿抗阻挺髋训练
- 弹力带跪姿抗阻旋转训练
- 弹力带站姿抗阻挺髋训练
- 弹力带站姿抗阻旋转训练

壶铃训练
- 壶铃大风车训练
- 跪姿壶铃对角线上举训练
- 单腿跪姿壶铃对角线上举训练
- 半土耳其举训练

全身
力量训练

无器械训练
- 原地主动降低重心训练
- 原地起跳落地缓冲训练
- 左右滑雪式跳跃训练
- 俯撑登山训练
- 俯撑收腹训练
- 正向爬行训练
- 横向爬行训练
- 爬行式俯卧撑训练

弹力带训练
- 弹力带整合式上拉训练
- 弹力带整合式下拉训练
- 弹力带整合式上推训练
- 弹力带整合式前推训练
- 弹力带旋转斜上拉训练
- 弹力带旋转斜下拉训练

壶铃训练
- 壶铃高脚杯深蹲接上举训练
- 壶铃纵向下劈训练
- 壶铃对角线斜上举训练
- 壶铃甩摆训练
- 壶铃单臂甩摆训练
- 壶铃甩摆接双臂上拉训练
- 壶铃爆发力推举训练
- 土耳其举训练

战绳训练
- 战绳站姿双臂甩动训练
- 战绳站姿单臂甩动训练
- 战绳站姿双臂交替甩动训练

泡沫轴滚压大腿前侧训练
泡沫轴滚压大腿后侧训练
泡沫轴滚压大腿内侧训练
泡沫轴滚压大腿外侧训练
筋膜球按压髂腰肌扳机点训练
筋膜球按压梨状肌扳机点训练
筋膜球按压大腿前侧扳机点训练
筋膜球按压大腿后侧扳机点训练
筋膜球按压大腿内侧扳机点训练
筋膜球按压大腿外侧扳机点训练
静态拉伸臀肌训练
静态拉伸髂腰肌训练
静态拉伸梨状肌训练（仰卧姿势）
静态拉伸梨状肌训练（跪坐姿势）
静态拉伸大腿前侧训练
静态拉伸大腿后侧训练
静态拉伸大腿内侧训练
静态拉伸大腿外侧训练

迷你带蚌式训练

仰卧挺髋训练

单腿仰卧挺髋训练

跪姿髋关节铰链训练

站姿臀部触墙训练

站姿抬臂髋关节铰链训练

髋关节铰链单腿动作模式训练

髋关节铰链动作模式训练

静态平板支撑训练

静态侧向平板支撑训练

静态仰卧挺髋训练

静态自身对抗训练

静态俯卧超人训练

无器械静态训练

动态平板支撑训练

动态侧向平板支撑训练

动态仰卧肢体伸展训练

动态俯卧肢体伸展训练

动态四点支撑肢体伸展训练

无器械动态训练

核心稳定性训练

弹力带拉伸大腿前侧训练
弹力带拉伸大腿后侧训练
弹力带拉伸大腿内侧训练
弹力带拉伸大腿外侧训练
弹力带拉伸髂腰肌训练
弹力带拉伸梨状肌训练
单腿主动下落训练
弹力带牵拉直腿上抬训练
仰卧动态屈髋训练
俯卧动态伸髋训练
仰卧动态髋关节内收和外展训练
俯卧动态髋关节内旋和外旋训练

弹力带静态跪姿抗屈曲训练

弹力带静态跪姿抗伸展训练

弹力带静态跪姿抗侧屈训练

弹力带静态跪姿抗旋转训练

弹力带静态训练

弹力带动态单腿跪姿对角线斜上拉训练

弹力带动态单腿跪姿对角线斜下拉训练

弹力带动态训练

呼吸训练
- 俯卧呼吸训练（鳄鱼式呼吸）
- 仰卧呼吸训练（仰卧腹式呼吸）
- 90-90式呼吸训练

胸椎灵活性训练

胸椎周围软组织松解训练
- 泡沫轴滚压胸椎周围软组织训练

动态胸椎灵活性训练
- 猫式伸展训练
- 下犬式伸展训练
- 翻书训练
- 抓肋式胸椎旋转训练
- 坐姿胸椎旋转训练
- 四点跪姿胸椎旋转训练
- 四点跪姿腰椎锁定胸椎旋转训练
- 卧姿麻花拉伸训练
- 坐姿麻花拉伸训练
- 站姿胸椎旋转训练
- 弓箭步胸椎旋转训练

抗阻动态胸椎灵活性训练
- 抗阻翻书训练
- 抗阻对角线胸椎旋转训练
- 抗阻四点跪姿胸椎旋转训练
- 抗阻四点跪姿腰椎锁定胸椎旋转训练（手放头后）
- 抗阻四点跪姿腰椎锁定胸椎旋转训练（手放背后）
- 抗阻站姿胸椎旋转训练
- 抗阻弓箭步胸椎旋转训练
- 举壶铃胸椎旋转训练

髋关节灵活性训练
- 泡沫轴滚压训练
- 筋膜球按压扳机点训练
- 肌肉静态拉伸训练
- 弹力带辅助肌肉拉伸训练
- 动态灵活性训练